Barth
and his unknown episodes

Max Zellweger-Barth
Keiko Watanabe

バルト いばればなし

マックス・ツェルヴェーガー
渡邊恵子

一麦出版社

Soli Deo Gloria

写真　本トビラ　バルトと妻ネリー
五頁　ザーフェンヴィル
九頁　マックスとともに

はじめに

家系図

- カール・バルト ＋ ネリー・ホフマン
  - フランツィスカ ＋ マックス・ツェルヴェーガー
    - ウルスラ
    - ソニア
    - マックス・ウルリッヒ
    - ディーター
  - マルクス ＋ ローズ-マリー・オズヴァルト
    - ペーター
    - アンナ
    - ルース
    - ルカス
    - ローズ-マリー
  - マティアス（若くして遭難死）
  - クリストフ ＋ マリー-クレール・フロンメル
    - ダニス
    - ニコラス
    - カテリーヌ
    - トマス
  - ハンス-ヤコブ ＋ レナーテ・ミンク
    - フレーニ
    - クラウディア

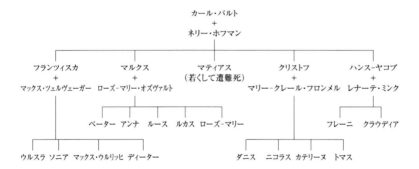

一九六一年の十二月初めに、カール・バルトから東京女子大学宛てにクリスマスのテープ・レターが届いた。これは、二年に在学していた私が文通相手のアンナにお願いして実現したものだった。当時アンナはシカゴに住んでいて、バーゼルの祖父カール・バルトに手紙を書き、「忙しいとは思うけれど、日本の学生のために、何とかクリスマスのメッセージを送ってもらえないだろうか。グロース・パパ　お願い！」と熱心に頼んでくれていた。カールおじいちゃんは「クリスマス・メッセージなんてアメリカの真似だね。日本人はすぐ真似をしたがるからいかんよ」と言いつつも快諾、さっそく含蓄に富む挨拶を送ってくださった。

日本　↓　アメリカ　↓　スイス　↓　日本と心の籠った手紙が廻って、大学のクリスマス礼拝に間に合った。まさに奇跡的な出来事であった。

テープの中で「私を、多くの本を書いた著者としては考えないでほしい」と言っているが、彼は「生身の人間として自分を理解してほしい」と望んでいたように思う。

確かに書物をとおしてだけでは、読者は、著者の人間としての実像を見失いがちであり、誤解や偏見を生みやすい。カール・バルトは日本やアメリカにおいて、どちらかというと堅苦しい保守的な神学者だと評価されているようだが、実際、家族の目からは、ユーモアたっぷりの朗らかで優しいおじいちゃんなのである。

本書では、第一部で、娘婿のマックス・ツェルヴェーガーによる「義父カール・バルトの思い出」（*Mein Schwiegervater: Erinnerungen an Karl Barth*）を紹介し、第二部「カールおじいちゃんの思い出」では孫たちの思い出から、カールおじいちゃんのありのままの姿をとりあげてみた。これらをとおして難解なバルト神学に親しみをもっていただける契機となるようにと願っている。

第一部　義父カール・バルトの思い出

Mein Schwiegervater: Erinnerungen an Karl Barth

by
Max Zellweger-Barth

tr. by
Keiko Watanabe

Theologischer Verlag Zürich

Ichibaku Shuppansha Publishing Co., Ltd.
Sapporo, Japan

まえがき

私が義父カール・バルトと頻繁に顔を合わせるようになったのは、少人数の会合で出会うようになった最近の十年間ほどである。しだいに親しくなったので、カール・バルトとの関係について何か書いてほしいと依頼されるようになった。しかし私は長い間その要望に応えることをためらっていた。というのは、私自身をバルトの言う「知的な物書き（バルト関連の書物を書く著者）」の中に加えてもらうなど、とうていできないと思ったからである。

もう一つ気がかりだったのは、このような記録が個人的になりすぎはしないか、という点だった。とはいえ、個人的にならずして、身近な人物の「追憶」を書く

マックス、キルシュバウムとともに

マックスとともに

のは無理だとも感じていた。

そのような時、私の妻〔カール・バルトの長女・フランツィスカ〕が懸命に励ましてくれたので、私自身、やってみようという意欲が起こり、「まず、頭に浮かんできたものを素直に書き留めて、後でそれをしっかり確認したい」と考えるようになった次第である。

本書に妻をもっと多く登場させたかったのだが、自分と義父の関係にこだわったため、そのようにできなかったことを残念に思っている。伴侶との共同作業をとおして、カール・バルトの思い出を語ることは、二人にとっても、父であり、義父であるカール・バルトに、さらに親近感を抱かせるきっかけとなった。したがって本書は、心からの感謝をこめて彼女に捧げたいと思う。

最初の出会い

一九三四年の夏に私はフランツィスカと知り合いになった。彼女は両親より半年早くバーゼルに来て勉学にいそしんでいた。それは当時のドイツが想像を絶するほどの統制を敷き始めたのが彼女には不満であったからだ。彼女はルドルフ・ゼルキンのピアノ・コースに所属していたので、一週間ほどベルン近くのヴァベルンにいる祖母のアンナ・バルト-サルトリウスのもとで過ごしていた。

ある日、ミス・バルト（フランツィスカ）からヴァベルンから家まで送ってもらえないかとの電話をもらった。おりしもカール・バルトが母アンナを訪ねていたところだったので、彼に出会える良い機会になるだろうと考えて、私は喜んで運転手役を引き受けたのだった。前日には、興奮した頭を冷やそうと、ちょうどオープンしたばかりのバーゼルの屋内プールへ行ったのだが、少しも効果はなかった。それどころか、むしろ、頭がさえて、ヴァベルン行きに神経をとがらせてしまった。

ついにやってきた九月三十日は、真夏のような好天気であった。私は昼食をすませると、町の北に位置する小さな家に時間どおり到着した。ミス・バルトは庭で私を待っていてくれた。やがて、二階の窓から男性の声がした。それまでは著書や新聞写真などで知っていたが、とうとう本人に出会う時がやってきたのだ。彼は言った「すぐに下りていきますよ」と。

初対面の簡単な挨拶ののち、私たちは庭の片隅に腰を下ろした。祖母、父、娘そして私の順番に。カール・バルトは椅子の背にもたれて、葉巻をパイプに詰めながら私に向かって「ツェルヴェーガー君、ちょっとお尋ねしたいことがあるのだが、君はバーゼル新聞（バーゼルの大手日刊新聞）のとった見解についてどう考えるかな」と聞いた。この質問の受け答えがどうであれ、おそらくは、おもしろい結果になりそうだと感じたので、「嘆かわしいことであります。プロフェッサー」と答えた。というのは、〔ドイツ〕第三帝国に対する新聞社の態度は明確ではなかったので。パイプの陰にバルトの明るい笑みを見て取って、私の答えは的を得たものだったと感じた。これでやっと緊張がほぐれてコーヒーを口にできたのだった。このテーマはずっと続いて、とうとう居間にまでこの政治的な討論がもち越されたので、女性たちは聞き役に回ってしまった。カール・バルトはこの時、まさにドイツ教会闘争の渦中にいて、毎日めまぐるしく新しい状況が生まれるような激動の日々を送っていたのだった。彼の少々大げさな語り口は、人を引きつけるところがあったが、コーヒーのお替りをする頃には、かなりの時間がたっていた。ほんの一瞬だが、自分はなにも政治や教会闘争を討論するためにベルンに来たのではないのに、という思いが頭をよぎった。

午後にはゲルトルート・リントというカールの妹で教会の牧師夫人が四人の子どもを連れてやって来た。この家族からも私は特別の関心をもたれた。そしてみんなの話し合いの上、けっきょくミス・バルトと私とが、この四人の子どもたちをベルプ空港へ送っていくことになった。本当はすばらしい天候と車とは二人のためにあったのに、状況は予想しなかった新しい方向へと展開してしまった。数週間してから、その時の私の態度は子どもたちに対して思いやりがなかったと言われてしまい、なぜだか腑に落ちなかった（それから二十二年後のある親族の集まりで、この話をすると、カールの妹、ゲルトルートが、実は、私たち二人だけでドライブさせたくなかったので、子どもたちを同伴させたのだと白状した）。

この見送りのドライブ後、私は再度カール・バルトに会いたいという衝動に駆られた。それは一方では成功し他方では失敗だったといえる。彼は多少とも静かに話ができるようにと、私を大きなダイニング・テーブルの隅に連れて行ってくれたのだが、どうも、私たちの話題の距離が少しも縮まらないのを見て、彼は私の仕事に強い興味を示して、チバガイギー会社の営業部門での活動について質問をしてきた。せっかくの機会であったが、これは全くの失敗に終わってしまった。

その日の夕方別れの時、幸運にも、家へ送る約束が残っていた。折しもベルンにいた十一歳年上の兄も加わって、余計な心配もなく三人でドライブすることになった。まさにカール・バルトと娘のフランツィスカがリビングを離れようとしていたので、私はあわてて車内をチェックしに飛び出した。ところが、なんと、二人はすでに玄関先に立って何やら小声で話しているところだった。私は戻ることもできず、あわてて彼らの周りを右往左往するばかりだった。別れの挨拶には希望の響きがあった。帰り道に車窓から臨んだアルプスの美しかったこと。兄と別れて、私たちはミュンスター大聖堂横の広場に車を止め、ライン河のほとりまで歩いて下りた。水際まで行ったところで、私たちは結婚を誓い合った。私は、真夜中の十二時過ぎに婚約者となった彼女を大聖堂隣接の牧師館まで見送った。トゥルナイゼン牧師の書斎にはまだ明かりが灯っていた。彼こそが私たちの幸せな出来事を知った最初の人となったのだった。

共に過ごした日々

一九三六年のクリスマスに、義父カールは私にチェスのセットをくれた。チェスの駒の間にはこのようなメモ書きがあった。「マックス君、君の生涯をking（王）のように堂々と、決して queen（女王）の意のままにならず、rook（城将）のように固くたち、しかも bishop（僧侶）のように野を横切り、時には私とknight（騎士）のように馬にまたがって外を駆け回ろう。そうすれば、pawn（兵隊・ドイツ語では農夫のこと）は健全だろう。さらに、君に反対するものを check（王手）になるように駒を置きなさい。そうしたら、どんな場合でも check-mate（王手）だ。君の人生がそうなるようにと願いつつ。父カールより」。

義父カールは生涯ずっと働きづくめで、膨大な著書を生み出したが、これは、ほかに類をみないほどである。それゆえに家族でさえも共に暮らすことは大変だったと思う。日曜の午後には定期的に電話をくれて、その週の出来事を十分に話せたのは、とりわけ嬉しかった。彼は好奇心からではなく、私たち家族への関心からそうしたようだ。

„S'isch Sunntig z'obe. . . "（スイス訛りで「今は日曜の夕べだね」）という声は今でも懐かしく耳に残っている。また年に一度はバーゼル郊外へ夕食に誘ってくれたのだが、我々は家族にこれは「男どものこと」と言って出かけたのだった。バーゼル大学在職中をとおして、恒例の dies academicus（研究の日）に、私はゲストとして参加が許された。このように私と義父カールとの関係はますます緊密になっていった。私自身わずか二歳で父を亡くしているので、こうしてカール・バルトと過ごした時間は、想像もできないほど親しく貴重な賜物であった。

夏休みには、義父カールと秘書のシャルロッテ・フォン・キルシュバウムが我が家をよく訪ねてきた。私たちの借家は広いシャレー─で部屋数も多かったので、こういう来訪は最高に喜ばしいものだった。

義父カールは一九四二年のグリンデルヴァルトの小さな出来事を時折、楽しく思い出していた。妻と私が四歳の娘ウルスラを連れて村を散歩していたところ、たまたま墓地の外で葬儀の列に出くわした。これはウルスラには生まれて初めてのことだったので、この行列と霊柩車についてわかりやすく教えてやった。すると娘は「早くおうちに帰って、おじいちゃんが大丈夫かどうか見てきましょうよ」と思わず言ったのだった。

それからしばらくして、祖父カールが「おやすみ」を言いにウルスラのベッドに行くと、ちょうど母親に「なぜみんなはお祈りをするのか」と尋ねたところだったので、祖父は、「それはね。みんなのありがとうの声を神さまが聞いてくださるからだよ。それからね、病気とか火事とか地震みたいな怖いことが起こらないようにとお願いをするんだよ」と答えたところ、ウルスラはカールおじいちゃんにこう言ったのです。「明日はお祈りをやめておく。だってお祈りすると、きっと何かいやなことが起こりそうだもの。地震とか空襲とか、悪いことがね」。

次の年も私たちはまたグリンデルヴァルトで一緒だった。一九四三年十月十日に彼から手紙が来たが、それには「今回の私の旅ゲルツェンゼエ、レザン、ザーフェンヴィル、ジュネーブ、ヌーシャテルなどの旅行や仕事について、いずれ、フランツェリ（フランツィスカの愛称）から聞くことになると思うけど、これらの旅行と講演は満足な出来だった。フレンドリーな人々に出会えたし、優れた聴衆にも恵まれた。そのうえ樹木の色や形も美しいスイスの秋を堪能できた。年を重ねることの喜びは、我々を満足させたり、賞賛させたりするものを、大きな包容力で受容できるようになること、同様に、自然をこれまで以上に受け入れることだと思う。われわれ、否、私は、若いころには、このようなことに対して衝動的に接し、大切なものを捨てていて、感謝すべきことのいかに多いかに気づかなかったと感じている。――

十月三十一日にミュンスターでE・トゥルナイゼンに代わって説教をしなくてはならない。こうすれば彼の休暇は二、三日延びるだろうから。私はここで説教をするのは気が進まないのだが。自分の趣味に合わない雰囲気と、エラスムスがそこに葬られていて私を悩ませるし。しかし、そういう嫌な仕事を引き受けるべきではないと言いつつも、結局、引き受けることになったのだよ。……」。

一九五二年四月にルガーノ・パラディソで十日間の休暇を過ごすようにと私を誘ったので、私は快諾した。ほんとうは私にはこの特別の期間に満足な話し相手ができるかどうか心配だった。でも車中はリラックスしていて、まさに休みを楽しんでいる雰囲気だった（もちろん、車内は喫煙ＯＫだったが）。けっきょく案ずることはなかった。ドライブの間に、私は子どものころに経験したものを彼にやってみせた。長い紐のついたカギの一方を大きな鞄に着ける場合、この鍵は二重反転の面白い回転をする。ちょうどゴッタルド・ループのトンネルを列車がフルスピードで通過する時のように。後年になって、私はこの実験を再びやる羽目になったけれども。

休暇はいつもどおりに運んだ。朝食後には田舎道を散歩、昼食後には一杯のコーヒーを飲みながらその日の手紙類を読みあった。これは休息とはいえなかったが。午後三時になると義父カールは部屋に入り、自分の仕事に戻ったので、私には〝フリー・タイム〟であった。彼は当時、和解論（『教会教義学』第四巻第一分冊）の講義を準備しているところだった。だから「ティータイム」は邪魔だったようだ。夕食後は、二人でよくチェスをやったものだった。――あるいは、演奏会などに出かけて行ったりした。そして一日の終わりは一杯のワインで締めくくった。

このように軽い気晴らしとまじめな研究という両面のある夜は、私にとって実に幸せな時だった。というのは、義父カールは日常の生活すべてを包み隠さずオープンにして、かつ、仕事の楽しみ方を教えてくれたから。死に至るまで、調子の良い時も悪い時も、病気の時も、どんな時でも、仕事が何ものにも替えがたい最重要事項であったのだ。これは彼が生来「もっていた」ものではなく、上から与えられた力であり、彼を日々新しくし、忍耐強く仕事を続けさせたのである。彼にはいつも謙虚さと感謝の気持ちがあった。このようなイエス・キリストへのゆるぎない固い信仰は輝きをまし、彼に力を与えた。これこそが、カール・バルトの告白を真に信頼のおける、価値あるものとしたゆえんである。また、将来も、評価されることであろう。

この休暇の直前に私は、彼の『十九世紀のプロテスタント神学』を読んでいて、この時代の個人の存在に関する彼の優れた叙述に感銘を受けていた。「この著作は、パッと見て思うほど難しいものではないのだよ。まず我々をとりまく環境を考慮しなくてはいけないと思う。何を身に着け、どんな習慣をもち、どのような生活をし、旅をしてきたのか、何を食べていたのか、どのような音楽が流行っていたのか等々を。このような日常を送った後に、人は、思想家たちの重要な著作を読む。また、批評を書き、自分の神学的、哲学的な立場を検討し、かつ本質的な要素について、いろいろと論じるのである。その結果、そこには、多様な経験と思想が集積されているはずなのだ」と義父カールは解説してくれた。彼の偉大な仕事の中に存在するこのような平凡でささいなことを、私は敬服している。

夕べの会話の間に私はノートをとったのだが、その中で、我々の行為は神の審判のもとにあるので、自分はほかの思想家と立場は等しいと述べている。各個人の権利を擁護するという彼の主張は、著作中に一貫している。「私は罪の赦しを信じている」。「はたして地上の行為が神のみ前に立ちうるものであろうか。私が今書いたり、話したりしていることは間違っているかもしれないのだ。それにもかかわらず、私は書かねばならないという衝動にかられている。神の審判は、我々すべてのものに下るが、それにもまして、神の恩寵がある。そこに、我々は大いなる信頼をよせて、自分の身を任せることができるだろう。この恩寵によって、今日でさえも、我々はあらゆる行為が可能である。それゆえに、また、その根拠があればこそ、未来に対し、積極的に立ち向かえるのだ」。

　カール・バルトはどこで休暇を過ごしていようとも、いつも彼に〝近づこう〟とする人がいて、避けられなかった。とりわけ、親類縁者からは。今回の休暇では、ホテルでの短い面会のはずだったが、二人の訪問者の一人が大変なおしゃべりで、ついには独白のようになって、聞き手をうんざりさせてしまった。その夜、私たちが演奏会に行く予定を聞きつけるや、二人は終わるまで待つという始末。義父と私がいい気分で席へ着くと、なんと、彼らが上の安い席にいたのを発見。「金持ちのくせにチケットをケチるなんて、懲らしめなくては」。それからのこと。我々は演奏会の終了時間と退場時間を計算し、演奏会が終わるや否や飛び出して、そばの小さなパブに逃げ込んだので、おかげで二人に見つからなかったが、翌日電話が鳴り、「演奏会後に互いを見失うなんて、なんとうっかりしていたことでしょう」と先方は話したのだった。

　夕食後、義父カールは、郵便物のやりとりでさえも、ホテルの庭では集中できないので、室内にこもって作業をした（私はたまたまバーゼルの書斎の外の大きなテラスで仕事をしているのを見かけたことがあるが）。ある天気の好い日には、戸外で時間を過ごすようにと説得してうまくいった。ところが、悲惨なことに、どの安楽椅子にも頭の位置あたりにポマードがベタベタついていたのだ。これは前日の客の残したものだったが、義父は何も言わずに不審そうに腰をかけた。立ち上がった時には、二度とこんなベタベタな椅子には座らないと言い、この椅子は多くの人には良いかもしれないが、自分には向いていない、と考えた。カールには何事もうまくはいかないものだということが初めからわかっていたのだ。日が照っていると否とにかかわらず、食後に戸外で座ることは、鬼門になった。

古臭くて黄色く変色した革製のひじかけ椅子は、長年の煙の臭いがこびりついていたのだが、義父のお気に入りであった。彼は、古い手紙を声に出して読んでから、いろいろな記事の入った包みを私に手渡し、今晩討論しようではないかと誘った。私は、自分が彼のように「超人」ではないし、そのうえ、彼がわずか二、三時間ですむ内容を熟読玩味するのに、たっぷり一週間はかかるだろうとの理由で断った。

グッド・フライデー（Good Friday　復活節の聖金曜日）には、ルガーノのディアスポラ・コングリゲーション（ユダヤ人居留区の集会所）で聖餐式に与った。

教会を出るころにはちょうど通りの向かいでドッグ・ショーが始まるところだった。義父カールは「急いで行こう。良い機会じゃないか」と言った。私はちょっとためらって、「たった今聖餐式が終わったばかりですよ。行ってもいいのですか」と尋ねた。すると彼は、「私には問題はないよ。犬だって我々と同じ被造物なのだから、見に行ってていけないわけはないだろう」。

その夜この話題を話しているうちに私には次のことがはっきりわかった。教会や少人数での聖餐式とは、キリストが我々のために払われた十字架刑の犠牲を確認すること、また、我々を常に新しく造り変えるためにキリストが定められたことを信じ認めることである、と。この犠牲は歴史上一度かぎりの出来事であり、正当性がある。この出来事は我々の人生の中で良い時も悪い時も常に共にあり、日常の生活からは切り離せるものではない。だから我々を縛っている聖餐式後は宗教的な制約から自由にされていると言えるのである。義父はプロテスタントの礼拝で聖餐式が常に行われないのを残念がっていたが、この点、ローマ・カトリックはプロテスタントよりもはるかに進んでいると言う。

ドッグ・ショーには堂々とした牧羊犬がいて、義父カールは大変な気に入りようだった。この犬をバーゼルに連れて帰りたいとさえ思ったほどだった。それは自分の机の下のちょうどよい足のせ台代わりになるとか……。家族の者たちにも喜びをもたらすに違いないとも考えたようだった。そんな彼を諦めさせるのは結構大変だった。というのも、すでに彼は引き取りの費用まで決めていて、まさに危機一髪状態だったからである。しかし犬にとって自由のない「生活」は残酷だし、一日二回の散歩も困難である（私には彼が「散歩」は健康に良いと言うのではないかとおそれたが）。ともかくこの件は一件落着した。

ある日曜日の午後、バーゼルの家で教義学の執筆中に机にうつぶせになっているのを目撃したので、少し休んではどうかと忠告せざるをえなかった。せめて日曜日くらいは。結局、聖書にあるとおり、週一日は休息すべきだということを彼は納得した。だが、彼は聖書のどこにも日曜日に聖書を読むなとか、聖書に専念するなとは書いてないけれどもな、と応えた。たしかに、彼には聖書がすべてなので、日曜日の仕事に問題はなかったのだ。

義父カールは休暇の間早起きをして一人で散歩に出る時にはいつでも自分の力を過信して、昼食には遅れて、くたくたに疲れて戻ってきた。しかも食欲もなくなるほどに。サン・サルヴァトーレ登山に挑戦したことがあった。また別の祭日にはロカルノからマドンナ・デ・サッソに登ったことがあったが、この時には道に迷い「あわや滑落しかけた」と後で白状した。この地方を知っているものには、これがいかに危険なことかを想像できるであろう。気の毒なことに、彼は手足に傷を負ってしまっていた。そのため、その日の計画はお預けになった。ルガーノ－パラディソからガンドリア往復の船旅は問題なかったが、彼は私が止めるのも聞かず、どうしても独力でボートを漕ぐのだと主張して、言うことを聞かなかった。むしろ私には湖畔周辺の田園風景を楽しむようにと勧めるので、しかたなく義父にはゆっくりペースで漕ぐようにというのが精いっぱいだった。

休暇の最後は我々に任されていた。駅のプラットフォームでは、前述の二人が別れを言うために我々を待っていた。「先日は互いに出会えなくて残念でした。ところで今気がついたのですが、あなたがたが乗車される一号車は三等の四人掛けコンパートメントですよね（当時の列車はこのようなクラス分けがあった）。よかったら、前のほうに移動なさいませんか」と夫のほうが誘った。すると義父は「私は娘婿と一緒に旅行をするときには二等車に乗るんだよ。君たちは遠慮せずに残る休暇を楽しみたまえ」とドライに答えた。私はアルス-ゴルダウで下車し、義父カールはチューリッヒへ向かった。彼がハンカチをふりながら、「また一緒に！」と叫んでいるのをホームで聞いた。

その時には一九五四年から一九六二年の間に七回も同行するとは思いもしなかった。それらの時間は最高のものだった。ブリオーネには五回も行ったのだが、ここには特別の思い出がある。ある日、ディエム教授、ゴルヴィッツァ教授、G・ハイネマン博士、ヴォルフ教授という珍しい父の友人たちが訪ねて来て、ドイツの内政問題について語り合っていた。私はただ黙ってすわっていたが、居合わせた身内の者や友人たちは仲間入りした。

また、一九六〇年の休暇の時には何らかの行き違いのため同行は無理だと思われた。しかし、三月五日に手紙をくれ、「ねえ君、私が不機嫌な顔をしていたからといって、私に深い意味があるわけではないんだよ。このことで、くよくよ詮索しないでほしい。確かに、私は〝教義学〟を教えたり、それについて執筆をしている（神が忍耐強く私を待っていてくださるかぎり）が、実は自分はドグマティック（dogmatic）（独断と偏見に満ちた）な人間ではないのだよ。日々新たなことを学ぼうと心掛けているだけなので、誰も私の〝真意〟を案ずる必要はない。少なくとも君には心配しないでもらいたい。私は自分とブルームハルトとを比べたくないのだが、ほかのだれよりも彼を好んでいるのでたとえてみたい。『ブルームハルト牧師、あなたがもしもこのように呼びかけられたら、……』と。おそらく彼は『私がいったい何を言ったのかな。私にはまったく何も見当がつかないのだが』と答えたことだろう。私自身に対しても同じように考えてもらいたいと思う。これからもどこかのホテルの椅子に腰かけて共に語り合おうじゃないか。確かに今年は物事がうまくいかなかったねえ。というのは、最初は二人とも何がやりたいのかわからなかったし、後になっても、『こうしたら良いだろう』という結論もでなかったから。気候が寒すぎず、状況が良い時にはすべてはうまくいくものだ（私と妻はベルン州のシェーンリートへ行く計画をすでに立てていたのだった）。

『なんと素晴らしいことだ！　たった今フランツェリが電話をくれてね。《お父さんたちはまだそこにいらっしゃるの。それなら三十分後には私たちも合流するわ》と。それなら、この書きかけの手紙はどうしようかね。まあせっかくだから、受け取っておくれ。それではごきげんよう。愛をこめて、君の父より」。

それから二、三日後、私たちは一緒にブリオーネに出かけた。こうして、義父の提案で私たちは合同の休暇を楽しむことができたのだった。おまけに「いかにして賢く休暇を過ごすか」というパンフレットまで作成できたのだった。

コペンハーゲンへの旅

一九六三年二月二十三日付の新聞によると、カール・バルト博士、デンマークのソニング賞授賞式に出席決定と報じていた。これはヨーロッパ文化の普及に貢献した優れた人物に与えられるものである。初期の受賞者にはＷ・チャーチル、Ａ・シュヴァイツアー、Ｉ・ストラヴィンスキー、Ｎ・ボーア、Ｂ・ラッセルがいた。義父カールは電話でコペンハーゲンへ同行しないかと誘ってきた。もしも同意するなら、四月十九日の授賞式に自分には付き添いがいる旨先方に伝えようとも言った。私は即座に申し出を受けた。私にとって、家族のほかには義父との共有の時が最も価値ある貴重なものであったからだ。正式な招待状はすぐに届いたが、主催者側がおそらく、私のことを厄介なお荷物と考えたのではないだろうかと懸念した。

　四月十八日の陽光の美しく輝いた日に、私たちは妻に送られて空港へ向かった。当時のバーゼルではシャトル・バス・サービスが十分ではなかったからである。スイス航空は、傷害保険を掛けるかどうかを尋ねたので、「悲しみに暮れる遺族には良いものだろうがね」とカールは答えた。妻は離れていて聞いていなかったようだが。カラヴェル旅客機が離陸して空高く上がるにつれて、ついに休暇が始まったのだと実感した。義父はウィスキーを、私はベルモットを注文した。こうしないと私は揺れに弱くて足元がふらつくかもしれなかったので。それからは二人とも飲み物を楽しんだ。滑走路は海岸の方へはりだしていて、そこは四月でもなお凍っており地面をこするかのように低空飛行をしたのでひやひやした。

　コペンハーゲン大学の学長兼政治家のカール・イヴェルセン夫妻が空港まで出迎えてくれて、宮殿近くのホテル・アングルテレまで案内をしてくださった。そこはまるでホワイトハウスの向かいにある来客用の住居のようであった。通常は皇室の訪問者のために使われるが、この美しいホテルが義父にあてがわれたのだった。フロントや居間などその豪華さに私の喜びは最高潮だった。義父は「今回にとてもふさわしいものだな」と感想を述べた。すでに隣りの部屋では電話が鳴っており、たくさんの電報や手紙類が開封を待っていた。花束も届いていた。この義父、カールの隣が私の部屋だったが、こっちは少しも優雅ではなかった。最初の晩には入手できるチケットもなかったので、チャップリンの「モダンタイムズ」の映画を観賞した。

翌日は最も重要な日であったが、午前中には名所の人魚姫の周辺を散歩し、そして午後にはソニング賞授賞式が厳かに執り行われたのだった。招待客は少しばかり飲み物を口にしてから二列に並んでフェスティバルホールへと行進した。先頭は学長とカール・バルト、次いで私がミセス・ソニングの腕を取って進んだ。行進中に幾度も「こんなことは一度だけ。二度とふたたびはないだろう」と自身に言い聞かせた。遠くで美しい音楽がなっていた。疑いもなくモーツァルトだった。この音楽のおかげで義父は喜びの表情を見せた。会場は満員で全員がゲストたちを立って迎えた。モーツァルトの弦楽四重奏ロ短調KV二七五の第二楽章の調べはなんと喜ばしいものだったことか。その後、ニールス・ハンセン・ソーイによる挨拶があり、学長からソニング賞が授与され、賛辞が述べられた。それから彼はこの著名なゲストにスピーチを依頼した。バルトは彼の上に与えられた名誉に感謝を述べ、キルケゴールとの関係について話した。この偉大なデンマークの神学者に関するバルトのコメントが彼独自のものではなかったため、聴衆には複雑な気持ちで受け入れられた。

カール・バルトが簡潔に述べたのは、次のとおりだった。

自分は、若き日にキルケゴールに対して肯定的であったが、後になって、キルケゴールの否認、および人間の救いに関する彼の個人主義的思想、さらには人間中心主義についてある種特別なためらいがあった。キルケゴールにはハイデガー、ヤスパース、そしてサルトルの実存主義への兆しが見られるが、私、バルトは積極的にキルケゴールへ向かうようにお勧めする、と。

――キルケゴールがすでに私に免疫を与えてくれていたので、感謝をもって彼の生涯の悲劇性や名高い知性にふれることができた。彼はすべての神学者が一度は通らなくてはいけない師だと考えている。彼に出会わなかった者はなんと不幸なことだろう！　また彼に留まったり、再度戻ったりする者はなおのこと！　彼の教えは、かつて彼自身が言ったように、食事そのものではなく食べ物の中のスパイスのようなものである。まさにそれは、教会や全人類に与えられるべき正しい神学の務めである。福音とは、まず第一に、人類に向けられた神の肯定的な「然り」という良き知らせである。第二に、会衆がそれを全世界へと伝えるべき知らせである。また第三は、いと高き所からの良き知らせだということである。これは私がキルケゴールに出会った後に、他の指導者のもとで研究をすべき三項目であった。

式の最後は、モーツァルトの弦楽四重奏の最終二楽章の演奏で厳かに締めくくられた。

式典と夕食会の間には十分な時間がなかった。この夕食会はアングルテレホテルで受賞者の名誉をたたえて特別に開催されたものだった。話ができたのは、そこで待ち構えていた新聞記者二名だけ。私たちはそれぞれの部屋へ戻って洋服を着替えた。義父は困ったら電話をすると言ったので、その場合を想定して、私は大急ぎでひげをそり、不慣れな衣装を着たのだった。案の定！「マックス、私の服にはたりないものがいっぱいだ。すぐに来てくれないか」と電話が。やっぱりな！　私にはバーゼルでこんなことになりはせぬかと妙な予感があったので、白の蝶ネクタイとカフスを少しばかり用意していたのだった。彼の部屋へと急ぐと、義父は椅子から立ったり座ったりして「そのつど、ベストからシャツがはみ出すのだよ」と言う。よく見ると、それはドレス・シャツではなくて、のりがごわごわついた単なる普通のシャツで、リボンで結ぶようになっていた。この厄介な物は彼が燕尾服を借りた店で勧められた代物だった。シャツは小さすぎてすでに数々のリボンが取れていた。これらのリボンを義父が着たままの状態でつけるのは至難の業だった。おまけに蝶ネクタイは白の代わりに黒ではないか！　私は内心ほくそえんで、ポケットから白い蝶ネクタイを取り出した。これはプリタイド（pre-tied とくにアメリカでは既成の蝶ネクタイは無礼だとみなされる習慣がある）ではなく、正式のものである。まず襟元にかざりボタンをつけて、ついで蝶ネクタイの番。義父は背が低かったので、椅子の上に立ち、背後から私が抱いた格好になった。私は若いころニューヨークの小さな洋品店で、蝶ネクタイの美しい装い方を習ったことがあったので、椅子を使うこともなく、（ガーリックをぷんぷんさせる義父の首に）まるで自分の服にやるようにうまくつけることに成功した。ちょうどその時、ベルが鳴った。一分後にまた。三度目はドアのノックだった。義父は「誰かがやってきたようだよ。出てみてくれないか」。私が出ると、派手な赤い服装の接客係が「階下では皆さんがお待ちです」と言った。時計を見ると十五分も遅れていた。義父に伝えると、「マックス、君の慌てた姿を見るのは愉快だな。君の額の汗は真珠みたいでなかなかいいよ」と少しも動じることはなかった。私は返す言葉もなく、腹立たしさはどこかへ消えていた。こういうことがあってからますます私は義父が好きになった。しばし沈黙。それから義父は鏡の前に立ち、最後の調整をした。

私たちは何事もなかったかのように頭を上げ堂々と階段を下りて行った。待っていた人々も集まり、列を作って、入場した。会場には約一〇〇人のゲストがおり、接客係が名前を読みあげて指定の席へと案内した。皇室の晩さん会の常として着飾った紳士淑女たちや光り輝く宝石と数々のメダル、テーブルの中央に飾られたバラを眺めていると、まるでおとぎの国にいるかのようだった。義父はテーブルの中央に着席、両側は教会行事省のミスター・ボディル・コッホとソニング夫人が座った。私の席は義父の向かい側だった。ここはカール・バルトの服装が整っているかどうかを見るのには都合がよかった。蝶ネクタイがわずかに右に傾いているのが気にはなったが、そのほかは大丈夫だった。

学長は歓迎の言葉を述べ、特別ゲストの功績をたたえた。しばらくしてカール・バルトが講演をする旨を伝えた。午後には十分な時間を要する講演の予定があったので、今回は短いスピーチの形で行われた。彼はこのたびの受賞に対して謝辞を述べ、後は娘婿が続けるだろうと私に話を差し向けた。すると学長は当惑して椅子に座りこみ、私は鋭い視線を周囲から浴びてしまった。とっさのためにと私は三個のキーワードを温めていた。まずデンマークとスイスの国に感謝すること。この二国は小さくて政治形態も非常に異なるが、ヨーロッパ自由貿易圏内では共通点があるということ。このキーワードのお蔭で私のスピーチをどうにか切り抜けることができた。食事の後で、義父は「良かったな。スイス大使が話さなかった理由は、おそらく君の期待どおりの話題が自分にはできなかったからだよ」と感想を言った。

夕食後に、義父は質問攻めにあった。学長がここで終了だと述べたにもかかわらず、深夜をすぎてからも個人的な会話が不本意にも続いていた。というのは、カール・バルトと個人的に話せる貴重な機会であったからだ。部屋にもどると、義父は大きな緊張感があったはずなのにすぐに熟睡したが、私の方はというと、目がさえて、半醒半睡の状態だった。

翌朝、牧師夫妻が迎えに来て私たちは町の観光をした。フレデリクスボー（Frederiksborg）城を見て廻った後、義父は疲れたようだったので、クリスチャンスボー（Christiansborg）城は自分たちでガイドなしに見学することにした。これは早々に終わったが、ホテルではジャーナリストたちが待ち構えていた。

質疑応答の時間は、午後に大学のホールで予定されていたのだが。ホールの聴衆は礼儀正しく、熱意にあふれていたのが好印象だった。ただし、オランダの学生たちをのぞいては。活気に満ちた討論が長時間続いた。

神学部長のゾーイ教授夫妻から彼らの素晴らしい別荘での夕食に招待された。そこには同僚や友人たちがたくさん招かれていた。デンマークには面白い習慣があり、ホストはスピーチを二回しなければならなかった。最初はゲストに対して歓迎の辞を、二回めはゲストをリラックスさせるような楽しい話題を。ゲストの義父はお得意のユーモアを入れてスピーチにスパイスをきかせた。食後のテーマは神学で、バルトへの質問形式で行われた。しかしバルトがあまりにも疲れた様子だったので、早々と切り上げて帰途に就いた。そのタクシーの中で、彼は私の手を取りながら、次のように言った。「これからは我々のリラックス・タイムだよ。今日あったいろいろなことは忘れて、ゆっくりしよう」と。私には彼の優しさがことのほか嬉しかった。ホテルのラウンジにドカッと腰を下ろした矢先、なんと、ソニング夫人がこちらに来ているではないか。彼女は私たちの席に座り、単刀直入に人生の意義についての会話が始まった。彼女は正しい行いをすること、誰をも恐れるなかれという基本的な教えを自分は守って、これまでの人生を送ってきたと話した。すると義父はにこにこと愛想よく答えた。「自分の経験では、この教訓はたとえ価値があろうとも、生きている者すべてに与えられた目的を達成するには十分ではないと考えます。人間の活動はその行為自体によって理解されるべきではなく、神により造られた存在として考慮されるべきでしょう。

神への依存においてこそ、我々の活動は自分自身のものとはならないし、また、他者へ奉仕をすることが、我々の人生を有意義にするのです。確かに、我々は何をなしたかという行為では判断できないと思います。たとえ〝正義〟という最高の動機があったとしても」。

彼の『教会教義学』第三巻第四分冊、三二七―三二九頁には人間存在の意味について書かれている。

《人間は被造物であり、したがって、人間が生きるということにおいては、所有物のように自分の自由にはできない。言い換えれば、その生は、神から貸し与えられたものである。その生は誠意をもって守られるべきである。それは、自己目的として意のままにはできない。むしろ――広義で考えるならば――神への奉仕に向かうべきである。

「知れ。神はわれらの主である。
神は、主の栄光を表すために、われらを創造された。
われら自身は主ではない。
神の恩寵のもとで、人間は自身の生を有する。」

これこそが生の事実と意味について与えられる最も率直な情報であり、この生こそが――この生には、人間的な行為の反映はなく、むしろ、神が人間に語りたもうという事実からうかがい知ることができるものである。ほかのすべての生命の現実性と意味についても同様に示唆している》。

ジャーナリストたちの質問には特筆すべきものはなかった。彼らの興味を引いたものは賞金六万スイス・フランの使い道についてであった（三分の一はバーゼル市宣教会の長である私に、次の三分の一は海外宣教の活動をしているバーゼル・ミッション、そして残る三分の一はバルト家の出身地であるアールガウの村のために使うことになっていた）。

「いったい賞金は何に使うのか」という質問がくり返されて、彼は「白い象か、ロールス・ロイスかな」と答えるとジャーナリストたちは満足して帰って行った。翌朝の新聞には大きな見出しで「バルト教授　白い象」とあり、本人は困惑したが、もっと迷惑だったのは、ソニングの賞金は、議会内の不正が原因で起こった、低所得者層の不本意な高い家賃収入から得たものだという報告だった。カール・バルトは「このことを受賞前に知っておればよかったのに――。今さらどうしようもないな」と言った。

結局は事情を知らずして受けてしまったものの、そのお金は私腹を肥やすことなく、貧しい人々のために働いている団体に寄付をするのだから、まあ良いとしよう、というように解釈して、気分を収めた。

午前二時にラウンジのドアが閉まり、部屋に戻ってからもう少し、信用ならない世情について話をした。義父は言葉は慎むべきだと痛感したようだった。賞金問題は深刻だったので、私は気になってその夜は眠れなかった。最後の心配事は、早朝のフライトに間に合うよう義父が早く起きてくれるかどうかであった。

翌日曜日の朝、私たちは朝もやに眠るコペンハーゲンを発ち無事に帰国。そしてクローテンの我が家に温かく迎えられた。

パリへの旅

一九六三年八月、義父は私に別の旅行が「計画中である」と告げた。コペンハーゲンへの旅行がとても良い経験となったので、彼は再び、私にお伴をするよう、誘ってくれたのだった。

今度は、パリ行きであった。十一月初旬に、彼はソルボンヌ大学より、名誉文学博士号を授与されることになっていたのだ。彼が私をその付き添いとして再び考慮してくれたことに、大きな喜びを感じた。どうして、このような誘いの承諾を少しでもためらうことができようか。そうは言っても、コペンハーゲンで起こったいくつかの状況が、私の頭から離れなかったので、またパリでそれをくり返したくはなかった。そこで私は彼に、旅行の準備段階も含め、私が同伴するからには、文字どおり「私の一言一句に従ってくれるように」と言った。義父はこの申し出に無条件で同意してくれた。その結果、知的な作業については義父が担当し、それ以外の事柄については私が引き受けるということで合意した。それぞれが自分に関係のある領域について、全責任をもつことを約束したのだ。これらについて事前に決めたことは、後で大変役立った。

義父は、パリの大学評議委員長かつ学長であるジャン・ロシェ氏の招待を受けることになったが、その唯一の条件としてコペンハーゲンの時と同様、義理の息子を同伴させるならば承諾すると返事をしたのだった。そしてすぐに丁寧な招待状が届いた。

十一月六日水曜日、いよいよ旅行当日がやってきた。その日は結構厄介な一日だった。私たちがルーブル・グランドホテルに到着すると、電力不足のため、エレベーターは使用できないと告げられたのだ。しかもその状態がいつまで続くかわからないということだった。そのため、私たちは部屋がある四階まで階段を使わなければならなかった。ホテルは満室であったため、部屋を替えてもらうなどということは問題外であった。私たちに選択の余地はなく、義父の心臓のコンディションを考え、階段を一段一段、大変な注意を払いながら上り、各階につく度に長い休みを取ることにした。この不愉快なスタートがその後の滞在に悪影響を及ぼすことがなかったのは、幸いだったが。

パリ大学のプロテスタント神学部再開の式典は、午後二時半からの予定であったため、ルーム・サービスの昼食をとった後に、休む時間が取れなかった。私たちが神学部の学部長と評議員の教授陣からこの式典に出席するよう招待されたのは、W・A・ヴィセル・ト・フウフト博士が名誉博士号を授与されることになっていたからだった。学部長は歓迎の挨拶時に、カール・バルトがその場に出席していることを紹介した。祝いの席のために飾られた会場にぎっしりと詰まった人々が、熱狂的な喝采で義父を迎えた。

M・カレツ牧師が、開会の辞を述べた。彼のテーマは「使徒パウロによる自我の確信」であった。式は、引き続きたくさんの質疑応答で盛り上がった。

多くの年配の牧師たち、友人や学生たちは、義父に握手を求めたり、少しでも話がしたいと列を作り、順番を待った。私はこの様子を遠くから見守っていたのだが、多くの人々は私のところまでやって来てくれ、それぞれが、どのようにいつ、またどこでカール・バルトに会ったのかを話してくれた。ここにおいてもまた、カール・バルトがいかに支持され、尊敬されているかをうかがうことができた。その中でも特にM・ボーグナー牧師を代表とするプロテスタントの人々の熱心さは印象的であった。

その晩、私たちはフランスの改革派教会の夕食会に招待された。私たちはホテルで夜遅かったが、寝酒を少し酌み交わしたのち、それぞれの部屋へ戻った。

翌朝の十時に“Séance solemnelle de rentree de l'Universite de Paris, en presence de Monsieur le Ministre de l' education nationale（文部大臣の臨席のもとにパリ大学再開の厳粛な会議）”がソルボンヌ大学の大円形劇場にて開かれた。

義父は、朝食時から上機嫌であった。私が朝九時にタクシーを呼んだのだが、父はそれが早すぎると思ったようすだった。あと三十分はコーヒーを飲みながら話が続けられると思ったのだろう。けれども、私がパリでの同行を引き受けた時の諸責任についてふれると、彼はすぐに承知してくれた。そしてその結果、私たちは九時ちょうどにホテルを出発したのだが、その直後にもう渋滞に引っかかってしまった。そこはパリのタクシー運転手たちが好んで運転する横道の一つだった。私たちは三十分も立ち往生し、やっとソルボンヌ大学についた時にはすでに九時四十五分にもなっていた。その時、不運（？）にもソルボンヌ大学前でフランス共和国親衛隊が、配置交替をしている最中だったのだ。義父は、彼らの古い兵服を指さし、私の腕を引き寄せて、今こそこの親衛隊とスイスの軍隊のそれとを比べてみることができる絶好のチャンスだよと興奮気味に言った。私は、時間に押されていたので、溜め息交じりに、これを見るためにパリに来たのではないのですよ、と告げた。そして私たちは残念ながらも親衛隊を見ている暇はないと諦めたのだった。やっとのことで、学長室のドアを見つけて、中に入ると、そこには十人の名誉博士号受領者が、ガウンを着けていたところだった。私たちは、我先に会場に入ろうとする行列の人々に出くわした。これから新しく博士となる人々に与えられるメダルが美しいケースに陳列されていたが、それらをまったく見る暇もなかったのは残念であった。けれどもそれが何だというのだろう？　とにかく、私の義父は時間内に会場に着くことができ、私も前列の招待席にたどり着くことができたのだから。

フランス国歌（ラ・マルセイエーズ）に合わせて、参加者が広いドーム型の建物に行進し、入場した。壇上にはフランスの画家ピュヴィス・ド・シャヴァンヌ（一八二四―一八九八年）の大きな絵画の下に、スイスを含む、博士号受領者の各国の国旗が掲げられていた。招待客の中には、スイス大使ソルダータ氏、外交団のメンバー、ローマ教皇大使、そして、もちろんマルク・ボーグナー牧師をはじめとするフランス改革派教会の代表者たちも列席していた。この名誉博士号受領者の中でもカール・バルトへの授与は、世界で唯一の名誉賞を与えられるという珍しい表彰だった。ソルボンヌ大学からプロテスタント神学者が名誉博士号を与えられるということは、前例のないことであったからである。

教会と国家の分離（政教分離）のせいで、ソルボンヌ大学には、神学部がなかった。このためにカール・バルトの表彰は、文学部および人間科学部の学部長によって行われたのである。学部長は、このバーゼル出身の神学者の文筆活動と、彼が三〇年代にひとりの研究者として、ヒトラーの国家の暴力行為に対して取った立場が、誠実、かつ健全であると強調した。

バルトがバーゼル大学教授のガウンに、この特別な学位の象徴である飾りピンを装着のため、前に進み出たとき、他の受領者にはなかったほどの拍手の嵐が起こった。出席していたリポーターの一人が、「この実例を見てもわかるようにカール・バルトが、いかに、人として高く評価されているか。それは彼の一生の仕事（ライフワーク）の賜物だと明白に言える」と述べている。教授会はカール・バルトを名誉博士として、満場一致で賛同し、アンドレ・エイマルド学部長は、さらに詳しく賞賛のスピーチを行った。ここに彼の言葉をいくつか紹介しよう。

「この神学者は哲学者をめざしていたのではないにもかかわらず、哲学者たちも彼を仲間の一人として認めている。ソルボンヌ大学創立初期には、プロテスタントの神学者は除名、もしくは出入りを禁止されていた。それが今日、まさにその大学が彼らの中の一人に名誉賞を与えることとなった。これは、この神学者がもつ思想家として、および総合的な学術研究の著者としての偉大な才能によるものである。バルトは、人間の存在は唯一、神の恩寵によってのみ、容認されると教えるが、彼は決して悲観的な預言者ではない。彼の教えの中心は、神は人類のもとに天から下り、その結果、ひとりの人間に尊厳が与えられているという点にある。一般的に、人は年を取ると偏屈になり頭が固くなる。しかしながら、年老いたバルトは、ゲーテを思わせる高潔で寛大な人であった。

彼は文化的価値のあるものに大いなる寛容さを示した。私たちは、彼のモーツァルト、ルソーやヘーゲルの重要な研究に恩恵を被っている。彼はさらに、現代世界のもつ問題についても指摘している。ローマ・カトリック教会もまた、彼の思想の堅固さと彼の「人間とは何であるか」に関する柔軟な認識に感銘している。これまでバルトについては、多様な議論が起こった。だが、すべての善意ある人々がひとたび合意に達したとき、このバーゼル出身の神学者の著作は、私たちに新しいインスピレーションを与えてくれる源の一つとなるのである」。

この授与式後も、予想どおり、握手を求める人々が後を絶たなかった。やっと義父が人だかりを離れることができた後、私たちは和やかに食事をとりながら、それぞれの印象について意見を交わした。

私たちはソルボンヌ大学の祝賀ディナー用の服に着替える少し前、午後五時にホテルのロビーで会った。ウェイターは「グランドホテルのスペシャル・ダブルウォッカ」というホテルの特製カクテルを薦めてくれた。義父は、即座にそれに応じた。私はコペンハーゲン行の機内での〝ハーブティー〟のような状況を避けたかったし、義父がすることを否定したくなかったので、同じくそれに応じた。

その時のもてなしがあまりにも心地よかったため、思わず自分の責務を忘れてしまいそうになるところだった。しかしながら正装に着替え、蝶ネクタイを締めるのに必要な集中力は、まだ保たれていた（義父は後にバーゼルで、この時、私が二杯めのウォッカをおかわりしたそうだったが、時間切れのため、できなかったねぇ、と茶目っ気たっぷりに話した）。

ソルボンヌ大学の上階で開かれた祝宴は、壮麗な行事であった。招待客は一つの長テーブルと五つの小さめのテーブルに着席した。参加者全員は、名誉博士号授与者の数が多いのを見て、かれらのスピーチが省略されることを願っていた。私は内務官僚の隣りの席に座った。その隣人は、雄弁で開放的であったため、時が飛ぶように過ぎた。義父は後にもっぱら、ローマ教皇大使やマレラ氏たちと話していたが、互いの意見に相当、同意している様子だった。会が早く終わったため、私たちはその後、ホテルで一時間ほど歓談をすることができた。

義父は翌日、穏やかな平常の日々を取り戻すことを楽しみにしていたが、その日にはテレビのインタビューが予定されていた。カール・バルトの取材記者は、パリ出身の神学教授ジョルジュ・カザリスだった。

私たちは、この美しい都市での滞在が、皆にとって満足のいくものとなったことを喜びつつバーゼルへ向かった、その夜、電車に乗って、いつものように愉快に話しながら家路に就いたのだった。

思い出あれこれ

ある時、義父と私はジュネーブのホテルに泊まったことがある。次の朝「昨夜はよく眠れましたか」と尋ねたら、「最悪！」との答え。「なぜ?」と聞くと、「枕がなくて、長くて太いソーセージを枕にしたけど、あまりに高すぎて、居心地が悪かったんだよ。おまけに、ブランケットがなくてね。そばのサイコロをおなかにのせてみたけど、やっぱり駄目だった。朝になってはじめて、ソーセージの中身はブランケットで、サイコロには枕が入っているのがわかったんだが、もう手遅れさ！」。

朝食時にコーヒーを口にしたまさにその時、何とモーツァルトの四重奏曲がラジオから聞こえてきた。モーツァルトのおかげでソーセージ事件はすっかり消えてしまい、しばし音楽に浸った。義父はこの曲の一音一音を熟知していた。曲が終わって、モーツァルト以外の音楽に興味はないのですか」と聞いてみたところ、「そんなの時間の無駄だよ」と言われてしまった。「なぜなら、他のを聴く度に、私はモーツァルトの方がもっと美しいだろうな、と考えてしまうからね」と。さらに、今回のモーツァルトはたまたまポップ音楽の代わりに流されたように思われたが、彼は、話を偶然性に関する話題へと発展させていった。このように、義父には、たわいのないことがらでさえも、深刻な評価を下す傾向があった。「たまたま今朝モーツァルトを聴いたからと言ってそれがどうした？　なんて詮索するのはよそう。むしろ、今日の贈り物としてありがたくいただいておくことにしようよ」との意外な反応だった。

私の三十五歳の誕生日に義父はお祝いの言葉を贈ってくれたが、それは次のような驚きのコメントが添えられていた。「マックス君、これからは下り坂の人生だよ。君は、今まさに、人生の頂点を乗り越えたばかりなのだ」。後になってこの言葉の意味がわかるようになったが、それまでには長い時間がかかった。確かに義父は三十五歳のとき、ザーフェンヴィルでローマ書講解を執筆し終えたばかりで、「自分にとって人生の最高の場に立っていたように思う」と述懐していた。だが、どうして私の人生が彼の人生と類似のものと言うことができようか。

義父はバーゼル郊外のブルーダーホルツに引っ越しをしたが、講義やセミナーのために大学へ電車で行かねばならなくなった。そこで電車にぶら下がっている宣伝広告をいつも眺めては自身の詩的な才能を磨いていた。一九五六年三月二日に、次の示唆に富んだ押韻のある警句を送ってくれた。「これはバーゼル市電の十五番、十六番の車内でひらめいた私、すなわち宣伝プロの句である。今までは、こんなに電車に乗ることはなかったが、これも怠惰な自分のためになる定めだと観念している」とのコメント付きで。

以下はその例である。

スイス家具を探してごらんよ、
世界一、心地がいいよ。

大急ぎ走って行って買おう。
美しいアナベル誌を読もう。

私を好いやつにしてくれるもの、
それはペプソーデントなるもの。

ルックスラム、おまえの光は消えゆくばかり、
ただ、ただ、か細い哀れな光。

朝食にサモサン食べて一日安泰、
夕食にも食べて安眠、気分爽快。

サモサン常食、
みんな仲良し。

子どもにお使い頼むママ。
アルトハウス・ビスへ行って、バターを買ってきて。

オックスフォード・グループ運動提唱者のブックマン氏、

彼はスープの味付け役のクノールと同じ。
まき、石炭、燃料用石油――喜べ、すごいぞ！
救世軍がお前たちを家に運ぶぞ。

自分用髭剃りを買う詩人リルケ、
行きつけの店はビルケ。

ご主人さまは、元気はつらつだ。
ローラマーガリンも大好きだ！

貧相なお前にはスパーレンベルグのザラーテがおすすめだ。
そこのズボンはお前を格好よく見せるのだ。

紳士淑女のみなさま、広告係のカール・バルトを、
願わくは、お忘れにならないことを。

私たちの息子、ディーターが高校に通っていた頃、彼は一週間に一度、ブルー

ダーホルツに昼食を食べに行ったものだった。その機会に、彼は祖父と二人だけで長い対話をした。たとえ訪問者が居合わせていても――たとえば高名なハンス・キュンクのような人が訪問している時でさえも――ディーターとの食事の約束は、この特別な時でも変更できないのだと、食前になって客人に伝えられた。確かに、そのような日でさえ、彼らの対話の時間が変わることはなかったのだ。祖父とディーターとのこの時間は慣例となっていた。彼らは町や学校での出来事、それから音楽のレッスンや余暇などについて話し合った。我が家の出来事は、それを気象状況に例えて描写し、伝えられた。それは「晴れ」から時には「どんより曇った」などという言い方で表現された。質問の例を挙げてみよう。「家族の食卓の周りに雷雨の兆候はあるかな？　もしそうならば、なぜ？」という具合だ。ジョークを言うことはこれらの対話の重要な要素だった。ディーターは毎回、少なくとも二つはジョークを言わなければならなかった。もし、それができないなら、ソーセージのおかわりは無しだったのだ。

ジョークの種類は三つあった。それらは社交の場で言えるもの、家族などの内輪だけで言えるもの、そして祖父カールの前だけで言えるもの、であった。

このような対話は時として、私たち家族にかなりの動揺を与えた。ディーターが、学校が終わって自転車で家に帰り、今日は「ジョークが一つしかできないんだよ」と、こぼすことがしばしばあった。数週間たって、義父が、ディーターは自分では到底理解できないはずのジョークを、いったい、父の私か、それとも学校で教わっているのか、と聞いてきた時には、ヒヤッとした。当時、彼の両親である私たちは、身の周りに起こることすべて、尾ひれがついてブルーダーホルツまで伝わってしまうので、自分たちで会話をする時にも用心深くなっていたのだ。幸運にも私は、状況を素早く察知したので、内緒で会話に加えられた秘密ごとが発展するのを食い止めることができた。それは「これは君のおじいさんに言う必要はない、と父親が息子に口止めした事柄」を意味していた。

カール・バルトが『福音主義神学入門』という本を執筆し終わるころ、その序章が書かれた。著者はその内容が彼の孫に親しめるものにしようと意図し、それぞれの章を個人的な対話を使って、会話調で述べている。それらは祖父が彼の若い弟子のあらゆる質問に、正確でありながらも、優しい気配りをもって答えるという形式をとっている。自分の祖父をとおして、神学に喜びを見つけることができるとは、何と名誉なことだろう。

カール・バルトが恐れ知らずだということは、最もよく知られる特徴の一つだった。彼はその手段が口頭であろうと文章であろうとも、教会や政治や私生活に関して思うことを包み隠さず述べた。彼は自分が述べたことが、その対象にした人たちにどのような影響を及ぼすかについてほとんど注意を払わなかった。

とりわけ、次の二つの出来事が思い出される。

一人の著名人がバーゼル大学の集会所でスピーチをし、その後、討論の場がもたれた時のことだ。終了後、私たちはその講演者と一緒に座り、ビールを飲んだ。少し経つと、義父は彼にこう言ったものだ。

「ちょっと説明をお願いしたいのだが。あなたは実にすばらしい講演をされたのに、いったいどうしたら、その後の討論会がこれほどまでに完全に失敗しえたのだろうか？」と。

またある時、スイス軍の祝典で高級将校が彼の部下に向かって演説をした時のこと。将校はその後、カール・バルトと知り合うため、彼のテーブルに着いた。しかし、間もなくして、彼は予期しなかった言葉を聞く羽目になってしまった。義父は彼に、「演説は悪かったというほどではないが、すべての意図や目的という点において、いろいろと題材を並べただけのありふれたものでしたね」と言ったのだ。もしそれが、たとえ遠い日本であったとしても、彼は思ったままを率直に述べたであろう。ただ今回は、一番身近な例として、スイスにだけふれ、スイス軍での出来事について話すことが適切であろうと考えたのだった。

私はカール・バルトが多くの牧師に向かって、彼らの説教についての考えをかなりはっきりと述べたことをも知っている。それは言われた側の立場などは考慮せず、戒めやほめ言葉などで表現された。

彼があるイースターの礼拝に出席した後、その説教が次のような言葉で始まったと、私に言ったことがあった。その言葉とは「イースターの日――それは喜びの日である」というものだった。彼は続けて「それこそ、まさにこの日に相応しくない表現なのだが」と付け加えた。説教の流れにおいては、最終的に行きつく事柄を最初に言うべきではない。むしろ、説教とは、それを聞いている者が、イースターの真の意味を見出せるような方法で構成されるべきである。つまり、説教によって確立された「イースターの日が喜びの日である」という点に彼らが確信でき、その喜びがますます大きくなるよう手助けするような方法、これこそがふさわしい、と。

カール・バルトの全思想は、慎重に思考を重ね、的確に真意を突いたものであったことは、改めて言う必要はないだろう。折々、彼が書いたものを読むとその陳述の構成は、たしかに複雑であるように見えるが、それを詳しく検証し、何度もくり返し読むならば、彼が何を言いたかったかが、そして、その表現以外には伝えられなかったことがはっきりとしてくる。つまり、彼はあらゆる方向から事象を照らし出し、その内容全体が信頼にたる有意義なものとなるように、明確な説明をした。我々はバルトの文章の中に、何としばしば、固形物のごとく堅固にそそり立つ文章を見つけだすことか。ここにその一つの例がある。〝聖書全体はもちろんのこと、ヨハネ黙示録の手引きによる〟永遠の生命について彼の見解を書いた手紙の一節である。

永遠の生命とは、現在の生を超えた異次元や第二の生を意味するものではない。それはまさに今の生命そのものであり、裏面に存在する。たとえ我々には隠れて見えなくとも神には見える。この生命とは、神がイエス・キリストにおいて全世界のために、ひいては我々のために成就し給うたことに深くかかわる。したがって、我々は、死においてもなお、神と共におり、かつ、イエス・キリストと共なる存在を表明し、待ち望む。イエス・キリストは、実に、神の審判のみならず恩寵の栄光のうちに、死より引き上げられたのである。現在の我々の人生に見られる涙、死、苦しみ、叫びや痛みなどがこの甦りによって、やがて取り去られるであろう、そして、イエス・キリストにおいて成就された神の意思が我々の前に表されるのである。これは、我々にとって非常な不面目であるばかりでなく、同時に喜びに満ちた感謝と称賛の的になることだろう。このような新しい時が始まるのである。

カール・バルトは、かつてモーツァルトについて次のように推察したことがあった。彼は、天より授かった旋律、すなわち、彼が自由に演奏することを許されたその旋律を、彼の大いなる自由の中ですでに聞いていたのかもしれない、と。同様に、カール・バルトが時にふれ、「聞こえてくること」や「聴いたこと」を人々に伝えるということは、行き過ぎたことだろうか？

彼は、自分の人生を現実の世界でのみ生きたのではなく、それをまるで高い次元から見たように観察をした。彼にはこのようにまれな天賦の才があった。この特徴を、明確には説明できないが、この才能が、確かに存在していた。彼は私の前でもその事実を否定することはなかった。私は彼が彼自身をまるで第三者を見るがごとく、さわやかに笑ったり、自分自身や自分の仕事に対して厳しい批判をしたことも、この才能があったからこそだと、うすうす気づいていた。そういうわけで、彼が病にあっても堅い信念をもち続けたことも理解できるだろう。彼はこの信念をもって最後まで心の平静を失うことはなかった。少しでも病状が回復した時には、彼は再びにこやかに愛用のパイプをくゆらせたりして。彼にとって一番の喜びは、再び仕事に取りかかれることだった。

けれども彼の心臓は、数回行われた手術の影響で弱まる一方だった。一九六八年、十二月八日、日曜日、彼がこの世を去る二日前、私たちは彼と義母も一緒に私たちの家で過ごした。その日の午後に、彼と私は、毎週日曜日に恒例となっていた、ロロ（シャルロッテの愛称）・フォン・キルシュバウムを訪ねた。彼女はリーエンのゾンネンハルデ診療所に脳疾患のため、三年間入院していた。いつものように私たちは彼女のベッドの横で“Nun danket alle Gott”（讃美歌第二番「いざやともにこえうちあげて」）を歌った。その帰りの車の中で義父は、突然、自分自身の差し迫った死について話した。彼は、本心は、モーツァルトと同様、彼の墓も見つからないよう密かに埋葬されたいのだ、と言った。しかし家族のことを考慮して、その願いはあきらめざるをえないとも言った。彼は自分の墓は質素なものを選び、その墓石は手の込まない簡単なものであるよう希望した。私たちは、我が家にいる義母を迎えにいくまでの道々さらにいろいろな話をした。驚いたことに、家に到着した時も義父は、車内で待とうとはしなかった。彼は座席から出してくれるよう頼み、「今日は私をそう早く追い払うことはできないよ」と言った。それから私たちの家でかなりの時間を過ごした。彼はその晩、ブルーダーホルツで私たちの息子、ディーターに『教会教義学』の改訂版を贈呈し、義母には早めのクリスマスプレゼントを贈った。翌日の月曜日、彼は告別の辞を準備することに完全に没頭した。それはその夜遅くにかかった二件の電話でいったん遮られたが、彼は独特の流儀で電話の相手を励まし、その後もまた作業を続けた。

十二月十日の夜間に、彼はその眼を永遠に閉じた。たとえ何年の月日が経とうとも、愛する義父を失った悲しみを克服する助けにはならないだろう。けれど、彼の安らかな死を認めることができたことは、私に光を与え、それは人生の道標となったのである。

「神の言をあなた方に語った指導者たちのことを思い起こしなさい。彼らの生き方と行いの結果を見て、その信仰にならいなさい」（ヘブライ人への手紙一三章七節）。

第二部　カールおじいちゃんの思い出

ローズ-マリー＆バルトファミリーに捧ぐ

二〇〇九年三月二十四日、私はカール・バルトの孫ローズ－マリー、そしてペーターと共にバーゼルのカール・バルト・アーカイヴス（文書館）を訪ねた。ここは一九五五年から亡くなる一九六八年まで晩年のカール・バルトが住んでいた自宅で、現在はバルトの著書や関連の資料などを保管した記念館になっている。

館長〔当時〕のドレーヴェス氏が私たちを歓迎してくださり、まず地下の書庫から案内が始まった。そこの本棚に佐藤敏夫訳『バルト自伝』等、日本の神学者やバルト研究家の著書および翻訳書を発見。これら日本語の書物を手に取って私は誇らしく思い、感動した。

ドレーヴェス氏によれば、日本人の来館者はアメリカ人に次いで多いそうである。しかも専門家ではない一般のバルト・ファンがはるばる日本から来てくれるので、バルト先生は「なぜ私が日本人に人気があるのかな」と不思議がっておら

カール・バルト

れたとか。日本国内での翻訳書もたいへん多く、バルト先生はますます日本に興味を抱くようになったのではないかとのことであった。

狭い階段を上ると、書斎入口のドアの上に飾り皿がかけてあるのが目に入った。真ん中には、頭としっぽを高く上げた猟犬が描かれ、それを取り囲むようにしてラテン語で“DOMINI CANES・FRATRES PRAEDICATORES”の文字が書かれている。ドレーヴェス氏の説明では、これは、「ドミニコ会の修道士たち、預言者の兄弟たちよ」という意味だが、その一方でDOMINIとCANESに分けると、前者は

「神・主』となり、後者は「猟犬・犬」になる。言葉遊びとして「主なる神の犬たち」とも解釈できる。これはザクセン地方の伝説がモチーフになっていると考えられるが、神の使者として犬の形で誕生し、各地を福音伝道のために奔走したドミニクス（Dominicus）の姿が背景にある。やがて彼はドミニコ修道会の創立者になったのである。この犬の使者の力を借りて、訪問者を鼓舞しようとしたバルトの密かな思いはとても味わい深い。まさに書斎のドアにふさわしいと思う。このように、バルトは巧みに伝説や物語を取り入れて、そこに広がる広範囲で奥深い真理の世界をのぞかせてくれる。彼はユーモアたっぷりに話をしては周囲の空気を和ませるという特技があったようだ。このユーモアや皮肉は、神学者の「ユーモア集」に採用されているほど有名である。

書斎に入ると壁側に大きな机があり、正面にはグリューネヴァルトの凄惨な「キリスト磔刑」の絵が掛けられていた。バルトは執筆中にいつもこの絵画から語りかけを受けていたとか。ただ、彼は一般に絵画、特に聖画にはあまり興味をもっていなかったといわれている。

机の上にはたくさんの本は置けないので、大部分は本箱に収めていたそうである。ドレーヴェス氏の話では、一九二四年の終わりごろ（ゲッティンゲン時代）には机の隅に二、三個の本立てを置いて便利に使っており、壁一面に置かれた大きな本箱には自己流で、つまり自分が使いやすいやり方でたくさんの書籍を並べていたという。

バルトは信じられぬほど抜群の記憶力のもち主だった。だからノートを取っておく必要はほとんどなかった。多くの資料や言及したい箇所や手紙類は諳んじており、講義に取り入れていた。また本の余白にメモを書くこともなく、数行にわたる文章の両端に垂直の線を引っ張ったり、重要な箇所には少しばかりアンダーラインを引く程度だったそうだ。

説教についていうならば、彼は約六十年にわたって説教をしており、最初の十年間はその原稿を逐一書いていたようだ。ザーフェンヴィルでは土曜日の夜から日曜日

飾り皿

の朝までかかって徹夜で準備をしたこともあったとか。教授になってからは直前に説教原稿を書くようになった。一九五四年から一九六四年にはバーゼルのシャレン・マッテン刑務所で説教を担当したが、その時は、まずキーワードと短い文章を箇条書きにし、残りのスペースにアウトラインを書いている。この方が会衆の反応を見ながら臨機応変に説教できると考えたようだ。

書斎

となりの部屋はダイニング・キッチンであった。そこで、バルト先生は奥さんのネリーと時々は秘書のキルシュバウム女史と一緒に食事やお茶の時間を楽しんでいたそうである。

「バルト先生の好物については聞いていませんが、特に好き嫌いはなかったと思いますよ」とドレーヴェス氏は言う。五月十日の誕生日には、恒例として、その年に収穫されたばかりのアスパラガスの初物が肉やサラダとともに食卓を飾った。裏のバルコニーでは、しばしば来客とコーヒーを嗜んだそうだ。

アーカイヴスから外へ

住居をあとにして、私たちはドレーヴェス氏に導かれて外へ出た。徒歩二、三分の通りの角に、ストゥッキ（Stucki）という大きなホテル兼レストランがある。現在ここは高級レストランであるが、バルトが健在であった頃はカフェであり、ここで博士課程の神学生のためにコロキウム（ゼミナール）が行われていた。日本からもバルトの指導を仰ぐために参加者がかなりあったそうだ。

ドレーヴェス氏は懐かしそうに思い出を話してくださった。

「私は一九六八年の夏学期で、はじめてカール・バルトと個人的な出会いをしました。彼のコロキウムのメンバーに選ばれるという名誉に浴したのですよ。そこでみたバルト先生の学生に対する慈愛に富んだ接し方は印象深く心に残っています。

たとえば、『諸君、シュライエルマッハーをどのように理解したらよいであろうか。だれか意見のある人は?』と言いつつ、彼は各テーブルを回りました。バルト先生はすでにシュライエルマッハーを熟読していて、十分な知識があり、質問の答えをたくさん承知していたにもかかわらず、まったく誠実に、学生一人ひとりに問いかけをしたのでした。それは、先生の考えを押し付けようとはせずに、学生個人を重んじて、かれら自身で考えさせ、また互いに切磋琢磨しながら理解を深めるという独特の授業方法でした」。

しばらく行くと、鮮やかな緑色のトラム(市電)の停留所に出た。ドレーヴェス氏の話では、バルトは自家用車を持たず、この電車で大学まで通っていたという。若い頃は自転車に乗っていたそうだが。

「電車の中では、吊り下げられた広告を見ては一句ひねって楽しむという趣味をもっていたようですよ。また、車内で人々の日常の生活にふれてみて、《信

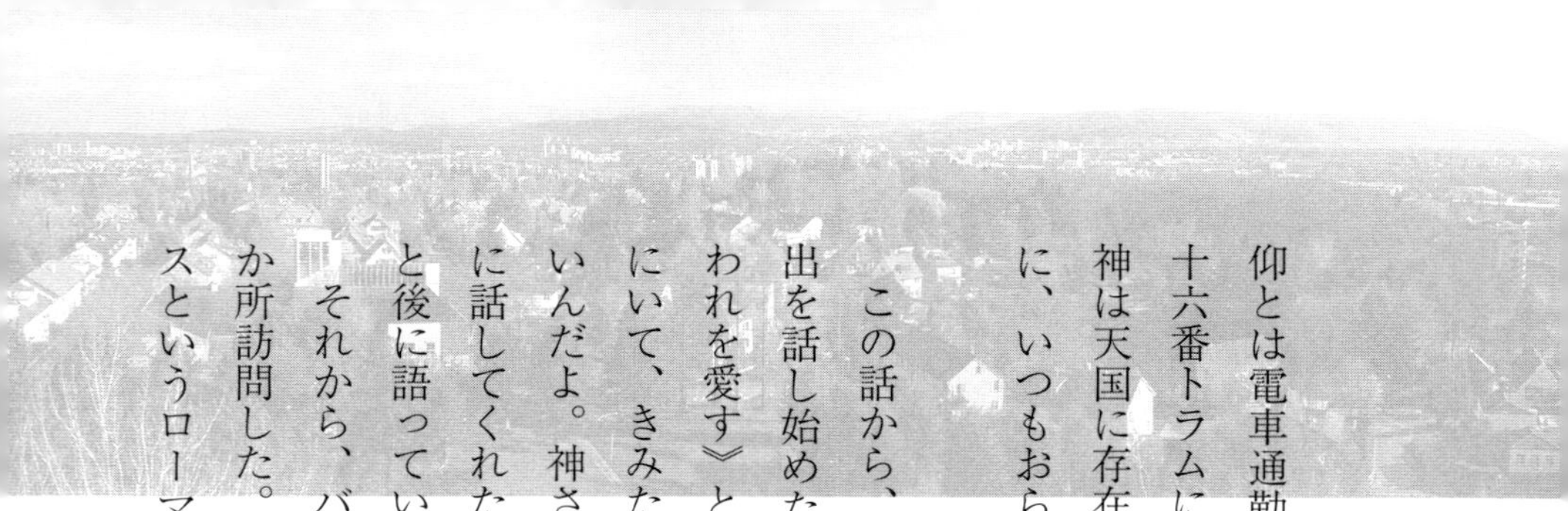

仰とは電車通勤するような日常のごく当たり前のことであり、神はこの十五番、十六番トラムにも存在しておられる。ここブルーダーホルツにも、バーゼルにも。神は天国に存在するだけでなく、この世界のあらゆる場所の、しかも我々のそばに、いつもおられるのです》」とも言われていたとか。

　この話から、ペーター（カール・バルトの孫）がとつぜん子どものころの思い出を話し始めた。「そういえば、カールおじいちゃんが、『ペーター、君は、《主われを愛す》という日曜学校の讃美歌を知ってるだろう。神さまはいつでもそばにいて、きみたちのことを愛してくださっているんだ。だから何の心配もいらないんだよ。神さまにお願いする素直な心が大切なんだ』と、まだ幼かった僕たちに話してくれたものだ」。実はこれこそが、自分の依って立つ「神学の本質である」と後に語っている。

　それから、バルトが説教をしたり、交流したりしていた近くの小さな教会を数か所訪問した。ドレーヴェス氏によると、そのうちの一つはブルーダー・クラウスというローマ・カトリック教会である。バルトはここをしばしば訪れており、

「ローマ・カトリック教会のように毎週聖体拝領を行って、キリストを身体に覚えることは大切だ」と友人たちに話していたそうだ。

バルトとローマ・カトリック教会について注目すると、これはあまりに重大な問題で簡単には扱えない、とドレーヴェス氏は言う。そのかわりに、「一つとっておきのエピソードをお話ししよう」とバルトの隣人から聞いた出来事を教えてくださった。

ブルーダーホルツのある日曜日のこと。近くに住む女性が「バルト先生、改革派の教会へお連れしましょうか」と申し出たところ、「それならローマ・カトリック教会までお願いしましょうか」と答えたそうだ。この女性は昨年（二〇一五年）九十七歳で亡くなっている。ヨハネ二十三世および第二バチカン公会議以来、ローマ・カトリック教会には新しい動きと積極的な気質の萌芽をバルトは気づいており、改革派教会もこの流れに呼応して広い視野をもって進むべきだと述べている。バルトが一九六七年に『教会教義学』第四巻第四分冊の「洗礼」についての一編を発表することにしたのは、こういう理由からでもあったようだ。

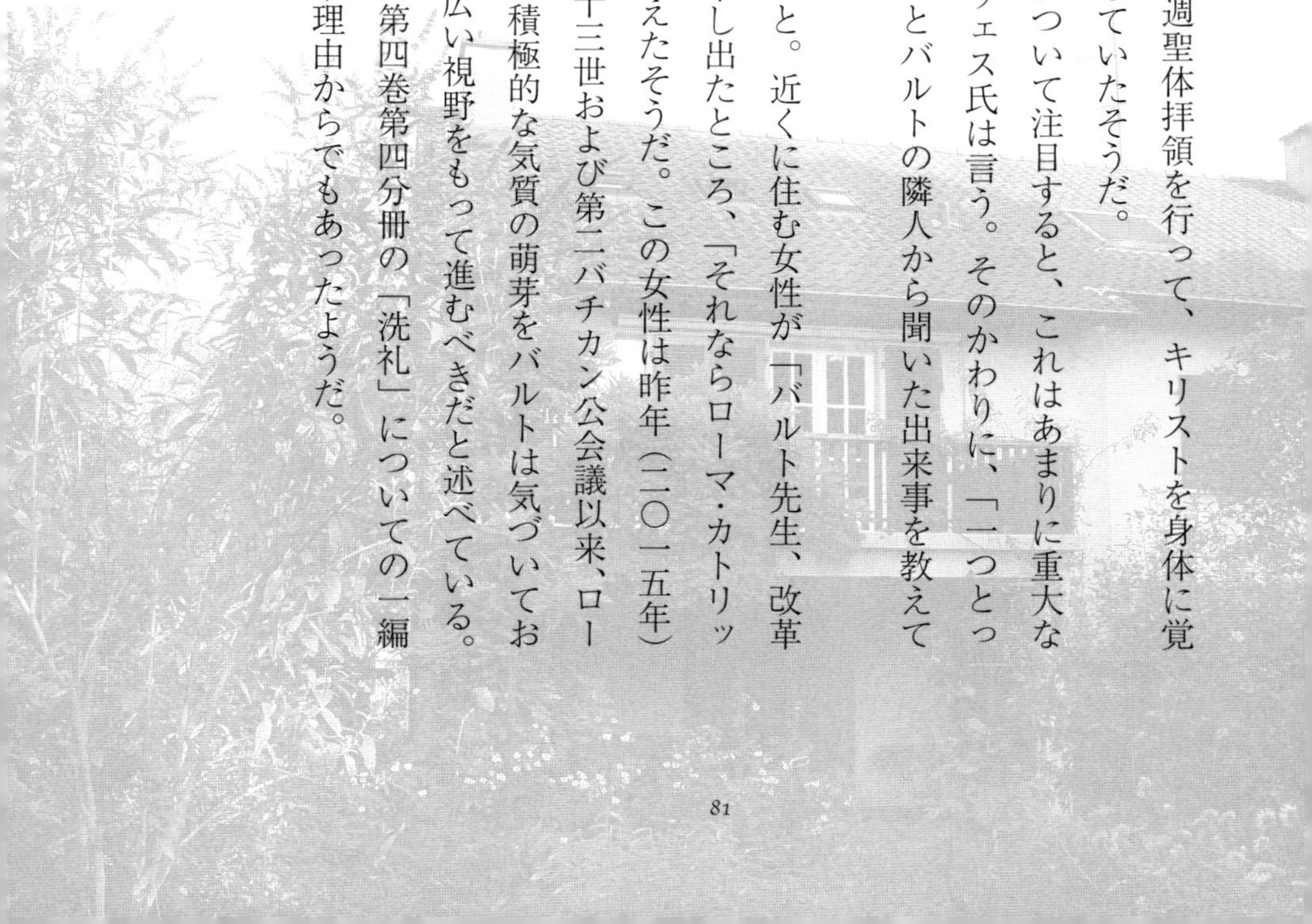

ザーフェンヴィル

ザーフェンヴィル教会

左から、ウルスラ・ショプファ・ツェルヴェーガー（カール・バルトの孫）、カール・バルト、オリヴィエ・ショプファ（ウルスラの第一子・カール・バルトの曾孫）、シャルロッテ・フォン・キルシュバウム、マックス・ウェリ・ツェルヴェーガー　1962

フランツィスカ、カール、ゴルヴィツァー　1948

ミュンスター大聖堂へ

つぎに私たちは車でバーゼル中心地にあるミュンスター大聖堂に向かった。聖堂の薄暗い内部にはエラスムスの墓碑銘が厳かに立っていて、伝統の重みを感じさせる。バルトはこの雰囲気があまり好きではなかったと、娘婿のマックスに話している。

隣接のチャペルで長男マルクスの結婚式が挙行されたが、その時のエピソードは身内の間でよく知られている。ドレーヴェス氏が「君たちも聞いていると思うが」と切り出すと「ええ、パパ（マルクス）から直接聞いてますよ」と私たち三人が応える。

話はこうである。

一九四〇年春に行われた荘厳な結婚式の最中に、突然雷鳴のような轟きがした。時は第二次世界大戦下で、「いったい何ごと？」と会場に緊張が走る。式は一瞬中断した。そしてざわめき。しばらくして、ことの次第がわかって一同は安堵した。実は、カールが夜勤の疲れから居眠りをして、ヘルメットを石畳の床に落としてしまい、これがコロコロ転がって、あたりにこだました音だったのだ。カールは、まるでいたずら坊主のように、恥ずかしそうにうつむいていたとか。前夜は、バーゼルの貯水池防衛の歩哨に立ち、徹夜で軍務に就いていて、チャペルに直行したというわけだったのだ。

レナーテさん宅訪問

翌日私たちはリーエン地区にあるカール・バルトの末息子ハンス・ヤーコブ宅を訪ねた。彼はすでに亡く、未亡人のレナーテさんが歓迎してくれた。ピアニストの彼女はカールの親しい音楽仲間だったので、いろいろな思い出話をしてくれた。

「昔はねえ。カールがビオラ、ネリーがバイオリンを弾き、私がピアノ伴奏をしてよく合奏を楽しんだものよ。カールはバイオリンも弾いたけど、あまりうまくはなかったわ。

ほとんどはモーツァルトの曲だったけど。カールにベートーベンは似合わないわよね。あまりにドイツ的で重々しいんだもの」。

また、ある時、カールが「『日本の大学から招待を受けているので、決定したら、連れて行ってあげるよ』と約束はしてくれたのだけど、けっきょく実現しなかったわ」という珍しいエピソードまで話してくれた。その理由は知らないとのこと。

ディーターのはなし

次にディーターから教えてもらった思い出（彼は第一部にも登場する著者マックスの息子である）を紹介しよう。

カールの子どものころは、ピアノの得意な父フリッツが、よくピアノを弾いて聴かせていた。五、六歳になると、モーツァルトの「魔笛」を聴く機会があったのだが、パミーナのソプラノで「わたしのタミーノ！　ああなんという幸せ！」のメロディーを聞いた瞬間、雷に打たれたような強い衝撃を受けたそうだ。十歳で早くもオペラのいくつかを歌っていたとか。高校時代に、ドイツ人の友人とその家族ともどもキャンプに行ったときのこと。湖で「魔笛」の中の「パパゲーノさまがほしいのは一人のかわいい娘っこ」を泳ぎながら歌ったそうだ。このようにカールは歌うことが大好きだった。モーツァルトのオペラやその他、ヴェルディのオペラを歌ったり、また、愉快な学生歌や酒の歌、愛国の歌、はたまた娘っこの歌まで、なんでも歌ったそうである。

ザーフェンヴィルの牧師時代には、青十字協会（禁酒グループ）婦人部の大合唱団の指導や指揮をしていたが、その中でも、モーツァルトのアヴェ・ヴェールム・コルプスを指揮したのはよく知られている。

彼はバイオリンが弾けたので、妻ネリー（結婚前はバイオリニストだった）との二重奏を楽しんだ。時には四重奏でビオラを受けもったりしているが、ピアノ伴奏は末息子ハンス-ヤコブの妻でピアニストのレナーテだった。

ボン時代には教会と国家間の闘争という苦境にあったにもかかわらず、モーツァルトの弦楽四重奏曲を合奏しているが、これは、音楽によって厳しい状況から解放されたいとの彼の切なる願いがあったからだと思われる。このころにはモーツァルトの熱心な愛好家になっていて、演奏会に出かけたり、友人とモーツァルト論を戦わせたりしていた。一九五六年のモーツァルト生誕二〇〇年記念講演ではモーツァルトへの愛着を述べ、四篇の講演集は“WOLFGANG AMADEUS MOZART（1756 - 1956 von Karl Barth）”という単行本として出版されている。一九六六年バルト八十歳の誕生記念式典はマルティン教会においてモーツァルト曲の演奏で開幕された。

バルトは、モーツァルト以外にも、生涯をとおしてポール・ゲルハルト作曲の教会コラールが好きで、諳んじて歌っていた。病院へ入院したときには毎朝歌を聞かせて看護師たちを喜ばせていたということだ。

彼の愛唱讃美歌は“Nun danket alle Gott”（スイス・プロテスタント讃美歌二三三番）だった。これは『讃美歌』第二番「いざやともにこえうちあげて」として知られており、一九六八年十二月十四日のミュンスター大聖堂での葬儀では参加者全員によって歌われた。

さらによく歌っていた讃美歌はドイツ語版『讃美歌』六七三番であった。

“Du bist ein Mensch.”, Strophe 5（第五連）

「汝は神の子なり」

Der aber, der uns ewig liebt.
Macht gut, was wir verwirren,
Erfreut, wo wir uns selbst betruebt,
Und fuehrt uns, wo wir irren.
汝はわれらをとこしえに愛したもう主なり。
惑う心には平安を、
悲しみには喜びを、
迷える心には良き導きを与えたもう。

たしかに、ここに表現されている心こそがカールの生涯の信条だった。

一九六五年から七五年には、リーエンのゾンネンハルデ診療所に入院中の秘書シャルロッテ・フォン・キルシュバウムを毎日曜日に訪ねて、彼女のために病室の窓の下でコラールを歌っている。

次に、レナーテ宅でのホーム・コンサートに参加した娘（渡邊りえ）の体験を少し紹介してみたい。

レナーテ宅のホーム・コンサート「バルト家で楽しんだモーツァルト演奏」

私がカール・バルトの名前を聞いたのは、幼い頃だったが、彼の存在は、まるで曾祖父の話を聴くかのように母を通して私の心に沁みこんできた気がする。四歳からバイオリンを始めた私は、モーツァルトの作品を数多く聴いたり弾いたりしてきた。

しかし、モーツァルト曲のもつ真の意味を考えたことはなかった。二十年ほど前、運よく立ち寄ったバーゼルで、バルト家の人々とモーツァルトを合奏する機会があった。レナーテおばさんはピアノ伴奏をしてくれた。演奏の曲目には「魔笛」ほかモーツァルト作品があったのが印象的だった。

演奏後、コーヒータイムがあり、コーヒー片手に、議論好きのお客たちはカール・バルトのモーツァルト論についてディスカッションを始めた。みんなの話は大体以下のようだった。

カールは「モーツァルトの音楽は人生の最後に出合う言葉だ」とラジオ・インタヴューで言っているね。また、神さまに与えられた生命とその終わりの「死」を受け入れた時にこそ、初めて、私たちは、真に生きることができると考えているわけだけど、これはどういう意味だと思う？　モーツァルトはどこかで、「死」について「われわれ人間の真の友」だと述べていたよね。彼は死を恐れるどころか自身の友として受容していたからこそ、自分の音楽の中に永遠の生命を吹き込んだのではないだろうか。そうだと思うわ。'Memento mori'（死を想え）をいつも心に銘記していたから、聴く者に安らぎと慰めを与えてくれる音楽ができたんだ。

カールがモーツァルトを好きなのは、ありのままの自然を感じることができるから。モーツァルトのすばらしさは、自然の中に神の声を聴いて、音楽でそれを再現しようとしたところにあるのではないだろうか。だから、人々から神童だと言われているのだと思う。でも決して音楽を説教の道具にしてはいないし、特定の宗教を押し付けているわけでもない。彼は天真爛漫なんだ。彼の音楽を正しく理解する者は、人間の本質がわかり、世俗の束縛から解放されて、本当の自由が実感できるのだ。

「もしも私が天の御国に召されたならば、天国では誰よりもまず先にモーツァルトを訪ねよう」と告白するほど、カールはモーツァルトにあこがれていた。

レナーテおばさんたちの話はどんどん盛り上がっていった。そういえば、亡くなったご主人、ハンス-ヤコブさんの部屋には今なお本物のしゃれこうべ（頭蓋骨）が置いてあったのが、奇妙に納得がいった。この方も「人の死」を想っていたのかな、と。

当日集まった人たちは、心理学者や医者や牧師夫人たちという教養人だったので、話題がとても高尚で、むずかしかった。だが、みんなの示唆に富んだ会話から私は考えた。バルト自身もモーツァルトの求めた「自由」を願っていたのではなかろうかと。

著書『モーツァルト』でバルトは述べている。自分は特定の思想や理論に囚われることなく自由になること、何にもまして自分自身からも自由になることを望んでいるが、これはモーツァルトとの一体感から生まれたものであろう。モーツァルトは、その短い生涯にもかかわらず、喜怒哀楽の人生を十分に味わったので、否定的に見えるものを肯定的に変えることができたし、善と悪の不協和音を、双方がともに響きあう普遍的な宇宙の「協和音」に創りあげることができたのだと思う。それだから、モーツァルトは聴く者に美しく浄化されたハーモニーと安らぎを与えてくれるのだろう、と。

祈りについて

話をディーターに戻そう。祖父カールの祈りについて次の思い出を教えてくれた。

一九四二年の小さな村グリンデルバルトでのこと。カールの孫（マックスの長女）のウルスラは、枕元に「おやすみ」を言いに来たバルトに向かって「おじいちゃん、なぜみんなはお祈りをするの？」と尋ねた。するとバルトは「それはね。パパもママもおじいちゃんもみんな〝神さまありがとう〟って言うと、その声を神さまが聴いてくださるからだよ。病気とか火事とか地震のような怖いことが起こりませんようにと、神さまにお願いをすることもあるんだよ」と答えた。するとウルスラは「じゃあ明日はお祈りをやめておこうかな。だって今は怖いことがないんだもの。地震とか空襲とか、そのようないやなことがね」と言ったという（第一部参照）。カールおじいちゃんがどう返したのかはわからないが。後に、バルトにとっては懐かしい良き思い出だったと述べている。

ディーターの記憶によると、食前の感謝の祈りは、

Segne, Vater, diese Speise,
Uns zur Kraft und dir zum Preise.
聖なる父よ。この食事を感謝します。
われらに力を与え給え、神に栄光があるように！

あるいは、

Danke dem Herrn, den er ist freundlich,
Und seine Gute wahret ewiglich
Amen

われらの主に感謝します。主は恵み深く、
その恩寵は永遠に続くであろう。
アーメン

時には、詩編一〇六・一が引用されていたようである。

Praise the Lord!
O give thanks to the Lord
for his steadfast love endures for ever !
主をほめたたえよ。
主に感謝せよ、主は恵み深く、
そのいつくしみはとこしえにたえることがない。（日本聖書協会訳）

祈りについて、二人の孫のエピソードだけから判断はできないが、彼らは子どもらしい素直な祈りの大切さを教えられていたようである。後にバルトは「祈りはただ神にだけ向けられるべきものであり、神への感謝と讃美にほかならない。神以外のものに語るのは祈りではない」と著書の中で語っている。

ユーモアについて

カール・バルトは生来ユーモアのセンスに恵まれていた。彼独特のユーモアで身近かな者から初対面の客に至るまでその場の空気を和ませていたらしい。

本書、第一部（義父カール・バルトの思い出）の終わりに、当時高校生だったディーターが週に一度ブルーダーホルツの祖父カール・バルト家で昼食を共にしたという記事があるが、彼は毎回二つのウイットのきいたジョークを話すようにと義務づけられていた。たとえば、「君の家の食卓に雷が落ちていないかな？もしそうなら、なぜだい？」と質問されて、彼は家族の様子を天候にたとえて伝えなければならなかった。これは祖父らしい優しい配慮のあるユーモア表現だと思う。二個のジョークを考えるのにディーターはたいへん苦労をしたそうだ。もしもうまく言えなかったら、ソーセージのおかわりはなしと決まっていたので。このようなジョークには、社交の場で使えるもの、家族内でのみ話せるもの、そして祖父だけに話せる秘密ごとの三種類があった。

ディーターはこの時の感想を「ユーモアにはいちいち解釈はいらないんだ。それ自体を味わったらいいんだよ」と述べた。バルトの周囲にはいつも機知に富んだジョークがあり、家族はみな楽しい空気に包まれていたそうだ。

ブルーダーホルツ・チェペル
1935年から1954年、説教奉仕をしていた

趣味　読書・煙草・チェスのこと

バルトは大変な読書家だった。新聞や雑誌はもちろんのこと、スイス古典のエレミアス・ゴットヘルフ（Jeremias Gotthelf）やC・F・マイヤー（C. F. Meyer）などを読んでいた。また、ゲーテやシラーなどのドイツ古典にも通じていた。ある時「人間を知るにはシェークスピアやモリエールを読むべきだよ」と話してくれたのを、ディーターは覚えている。夕食後には、ドロシー・セイヤーズ（Dorothy Sayers）やアガサ・クリスティー（Agata Christie）などの推理小説を好んで読んでいた。これで英語の勉強になったのかもしれないなあ、とはディーターの弁。

そのほかカール・バルトには、孫たちや友人たちと遊んだチェスやトランプ、若いころに熱心だった乗馬やサイクリング、そして散歩の趣味があったが、あまり詳しくは知られていない。

次にカールの長男マルクスから聞いた思い出を披露したいと思う。

一九六四年アメリカピッツバーグでのこと。当時マルクス・バルトはピッツバーグ神学大学で教鞭をとっていた。留学生の私は、ホームステイが許されて家族の一員として迎えられた。毎日書斎のお掃除をするのが日課であった。マルクス先生は相当なヘビー・スモーカーで、部屋にこもって仕事をする時は、いつもパイプをくゆらせていたので、机の上には粉状の燃えカスが散らばっていた。ある朝、そのカスをふ

読書するカール・バルト

き取っていたら、「葉巻の味を覚えたのは父親の影響だよ。カールの真似をしていたら、僕の方がひどいスモーカーになったみたいだ。でも、部屋中煙でいっぱいにしていると、そこにカール父さんが現れるみたいで、まさに〝ホーリー・スモーク〟なのだ」と話してくれた。

ずいぶん後になって、マルクス・バルト資料室というものがプリンストン神学校にできたというニュースを知らせてもらった。そこにはマルクス愛用のパイプと小さな備品入れが寄贈されている。箱の中にはたばこの害についての七二頁あまりの説明書が入っているが、これは、パイプ愛好家の父カールからパイプ大好き息子への贈り物であった。バルトは、生涯を通じて愛煙家であって、その楽しみを息子と共有したかったらしく、息子の禁煙を強いることはなかった。むしろ「たばこの害」という薬（説明書）をそっと箱に忍ばせて、さりげなく息子に注意を喚起させている。このようなやり方はカール・バルトらしい優しさに富んだ父親の配慮ではなかったかと考える。

バーゼルの町を同行してくれた孫のローズ-マリーが次のことを教えてくれた。それによると、かつて救世軍メンバーの訪問の際、バルトは「罪は、紙巻きたばこ（cigarettes）の喫煙から始まるものだよ」と話した。当時、救世軍では厳格に喫煙を禁じていたので、この戒律を破ることは罪だと考えたようだ。「しかしパイプや葉巻（cigar-smoking）ならば大丈夫だが」と付け加えているので、バルトは、後者ならば、違反にならないと冗談めいて付け加えたのかもしれない。彼は、たまには紙巻きたばこを吸ったようだが、通常はパイプを使い、時折は、葉巻きを吸っていた。彼の好みの葉巻はスイス製のブリサゴ（Brissago）とロズリ（Roessli）であった。ベルグリの家に住んでいた時や車で遠足に出かけた時などは、訪問客にルドルフ・ペスタロッチ（Rudolf Pestalozzi）を提供していた。

バルトはチェスに興味はあったが、あまり強くはなかったようだ。長女フランツィスカの結婚祝いとして、彼女の夫マックスにチェスのセットをプレゼントしている。「クィーンにふりまわされないように願う」とのメモ付きで（第一部参照）。またバルトのアメリカ訪問の折、シカゴに住んでいた長男マルクス宅に滞在した。当時、高校生の孫、ルカス（マルクスの次男）はチェスのお相手をしたが、彼によると「まずまずの勝負だった」そうだ。

二人の友人　トゥルナイゼンとボンヘッファー

バルトとエドゥアルト・トゥルナイゼンとはバーゼルの学生会以来の親友だった。一九一四年の彼の結婚後は、妻マルグリッテがネリー同様、音楽を専攻していたので、ともに合奏を楽しむほど親しくなり、家族ぐるみの付き合いをした。館長のドレーヴェス氏が教えてくださった珍しい逸話を紹介しよう。

それは一九一七年生まれのトゥルナイゼンの娘ドロテがドレーヴェス氏に直接話してくれたものだそうで、バルトが父エドゥアルトと神学の話をするためにロイヴィルの彼女の家を訪問した時のことである。ドロテは、たまたまテーブルの下にもぐっていた。テーブル・クロスが床に着くほど長く垂れ下がっていて、ちょうど格好の良い隠れ家となった。父たちの話はとても長く続いたので、退屈した彼女は父親に喜んでもらおうと、おもしろいアイデアを思いついた。それは父の葉巻をほどいて、中の葉を床の上にばらばらに散らし、見事な葉巻じゅうたんを造ることだった。無心にがんばるドロテを見て、二人はあっけにとられていたそうだ。彼女が叱られたかどうかは、秘密だとか。

バルトの長女フランツィスカとマックス・ツェルヴェガーの結婚の知らせをいち早く聞いたのもトゥルナイゼンであった。このように両家は、折にふれて親交があった。

バルトとボンヘッファーは一九三一年以来、個人的に付き合うほどの間柄だった。バルトはボンヘッ

ペスタロッチ、マルグリッテ、トゥルナイゼン、ネリー、バルト
1923年　ザンクトガレン

バルト、ペスタロッチ、トゥルナイゼン　1917 年

ファーを高く評価しており、彼に「ロンドンから帰国して告白教会の立場から教会闘争に参加すべき」との勧告の手紙を書いている。バルトは自分が圧力をかけたせいで、ボンヘッファーが一九四五年に、ナチスによる犠牲の死をとげた、その悲惨な結果に対して、バルト自身も共犯者としての責任感と罪意識をもっていた。バルトのボンヘッファー擁護は、ドイツ教会闘争という重大な局面において、一筋の光をなげかけているといえよう。

カール・バルトは、神から与えられた人生を、すばらしい家族と友人たちに恵まれて、真摯に歩んだ愉快な信仰者であった。

クリスマス・メッセージ

カール・バルトより東京女子大学へ
一九六一年十二月四日バーゼルにて
小川圭治訳

日本の愛する若い友人諸君、私は諸君が私からクリスマスの挨拶をいただきたいと言っておられるのをアメリカ経由で聞きました。私は今ここで諸君に話そうとしていますが、どうか諸君の国でも多くの人たちが読んでくれている幾冊もの書物を書いた、名前の知られた人間としては考えないでください。

神が我々すべてを愛したもうたがゆえに、また今日に至るまで愛したもうゆえに、まもなく二〇〇〇年になるわけですが、ベツレヘムに生まれたもうた、あの御子の前には偉大なる人間というものはありえません。ヨーロッパにおいてもアジアにおいても小さな人間というものがありうるだけです。しかし御子の前には感謝に満ちた喜ばしい人間というものがありうるでしょう。こういう人間に私はなりたいと、今もなおせつに、願っています。そして諸君もまたそのような人間になりたいと望まれることを、私自身も諸君に望んでやみません。

私は諸君の中の多くの人たちがクリスチャンではないと聞きました。おそらくその人たちもいずれクリスチャンになられるかもしれないでしょう。しかし救い主は、彼をまだ知らない人たちのためにも、また生まれたもうたのであり、彼の父なる神は、その人たちの父でもありたもうのです。

ヒロシマは私にとっても、また、人間の暗黒の恐るべきしるしであったし、また現代でもそうであります。しかし原爆の洗礼について諸君は語ってはなりません。諸君の中のノン・クリスチャンも語ってはならないし、諸君の中のクリスチャンはまさに当然語ってはならないのです。むしろ私たちはみんな一緒に義と平和の聖霊による洗礼を願い求めましょう。この聖霊をアメリカとアジアとヨーロッパ・アフリカの人間に注ぐために神の子であるイエス・キリストは、一人の人間となり、すべての兄弟となりたもうたのです。ひとりの人間がその人に対する御子の語りかけを聞くところでは、まったく静かにではあるけれども偉大な力強さをもって、一つの新しい世界が始まるのです。

あとがき

このたびの翻訳、執筆をとおして、カール・バルトが人間味あふれる魅力的な人物だと改めて思った。

私は、直接に出会ったことはなかったけれども、知れば知るほど、昔から知っていたような親しみを憶える。ましてマルクス・バルト家の一員として家族の付き合いをさせてもらっている私には、カール・バルトは、優しく愉快なスイスのグロース・パパ、カールおじいちゃんである。

私の一生を導き育ててくれたバルト家に感謝しつつ、今後は、スイスと日本の懸け橋の役目をさせていただきたいと願っている。そして、ストレイザンド氏

（アーカイヴス前々館長）から諭された「バルト読みのバルト知らずにならぬように！」励みたいと思う。

最後に、翻訳や取材の協力をいただいたディーター、ローズ-マリーをはじめ、バルト家の人々、ハンス・アントン・ドレーヴェス前館長、およびバルト・アーカイヴスのゾーハー氏、スイスの友人たちに心からの感謝を申し上げます。

また一麦出版社の西村勝佳氏と私の夫や娘の協力に対しても、お礼を申し述べたい。

読者のみなさんが、本書をとおして、人間カール・バルトに出会い、その真摯な生き方と信仰にふれていただければ幸いである。

二〇一六年　イースターを記念して

© 写真 PHOTOGRAPHS

カール・バルト・アーカイヴス Karl Barth Archives
バルト・ファミリー Barth Family
脇坂順一 WAKISAKA Junichi

バルトこぼればなし

発行日……二〇一六年六月三十日 第一版第一刷発行
定価……[本体二、〇〇〇+消費税]円
著・訳者……渡邊恵子
発行者……西村勝佳
発行所……株式会社一麦出版社
札幌市南区北ノ沢三丁目四―一〇 〒〇〇五―〇八三二
郵便振替〇二七五〇―三―二七八〇九
電話(〇一一)五七八―五八八八 FAX(〇一一)五七八―四八八八
URL http://www.ichibaku.co.jp/
携帯サイト http://mobile.ichibaku.co.jp/
印刷……株式会社アイワード
製本……石田製本株式会社
イラストレーション……藤本忠男
装釘……須田照生

ISBN978-4-86325-096-3 C0016

一麦出版社の本

聖書と語る
マルクス・バルト　渡邊恵子訳

聖書は〈神の愛〉についての会話の記録。聖書をとおして、生きる喜びと感動を分ち合いたい。父K・バルトをして「私の神学のよき協力者」と言わしめた新約学者マルクス・バルトの入門的聖書論。

四六判　定価［本体２０００＋税］円

信仰のいろはをつづる
——魂の解剖図と告白　ニクラウス・ペーター　大石周平訳

フラウミュンスター教会説教集Ｉ　スイスでいま最も注目を集める説教者。わたしたちの魂を〈解剖〉し、人間を生々しく見つめる聖書を、むずかしい神学用語を用いず、つづり字を教えるように信仰のいろはを語る。

四六判　定価［本体２４００＋税］円

主の祈り
——説教と黙想　及川信

福音に生きるとはどういうことなのか？　主イエスの教えの中核である「主の祈り」をとおして、全知全能の神を「我らの父」と呼べる幸いを語る。関連するルカ一一・五—一三についての説教を収録。

四六判　定価［本体１８００＋税］円

テゼ
——巡礼者の覚書　黙想と祈りの集い準備会編

テゼ共同体とはフランスのテゼにある超教派の男子修道会。多くの青年たちが訪れ、そこで歌われる祈りの歌は、世界中で歌われている。黙想と祈りの集い準備会の植松功氏が、霊性の日常的で、具体的な景色を語る——。

Ａ５判変型　定価［本体１８００＋税］円

生きる意味
ポール・トゥルニエ　山口實訳

人生を積極的に生きる勇気がわいてくるトゥルニエからの熱いメッセージ！　トゥルニエの来日講演を収める本書は、その思想のエッセンスであり、トゥルニエ全思想の鳥瞰図である。

四六判変型　定価［本体１２００＋税］円

永遠の泉
——いま、泣いているあなたは幸いです　ジャン・バニエ　佐藤仁彦訳

ラルシュの「契り」のリトリートで語られたこころ打つことば。バニエの講話の中でも、本書はバニエの思想が最もよく表れており、人間関係を生きる真理と知恵が満ちている。

四六判　定価［本体１８００＋税］円